Andreas Tinter

Vogelspinnen
Gifte · Lebensweise · Verhalten

Nikol Verlagsgesellschaft mbH & Co. KG
Hamburg

Andreas Tinter

Vogelspinnen

Gifte · Lebensweise · Verhalten

Vogelspinnen

Sonderausgabe 2001 für Nikol Verlagsgesellschaft mbH & Co. KG
Hamburg
Mit freundlicher Genehmigung des Originalverlages.

© bede-Verlag, Bühlfelderweg 12, 94239 Ruhmannsfelden, Germany
Alle Rechte vorbehalten.
All rights reserved.

Für Schäden, die durch Nachahmung veröffentlichter Artikel entstehen,
können weder Verlag noch Autor haftbar gemacht werden.

Bildnachweis:
Rasterelektronenmikroskopaufnahmen: Susanne Leidenroth
alle weiteren Aufnahmen im Buch und auf dem Einband: Andreas Tinter

Gestaltung und Herstellung: Marcus Degen
Einbandgestaltung: Callena Creativ GmbH, 19412 Jülchendorf
Druck: Westermann Druck Zwickau, Zwickau
Printed in Germany

ISBN 3-933203-49-X

Inhaltsverzeichnis

Vorwort	7
Einleitung	9
Grundsätzliche Vorüberlegungen	10
Das Terrarium	13
Handhabung von Vogelspinnen	19
Das Futter	23
Die Einordnung von Vogelspinnen ins Tierreich	25
Die Anatomie von Vogelspinnen	27
Die Häutung	30
Die Geschlechtsbestimmung	33
Paarung und Zucht	38
Die Aufzucht junger Vogelspinnen	45
Krankheiten und Verletzungen	47
Reizhaare	49
Die Giftigkeit von Vogelspinnen	50
Artenteil oftgehaltene Vogelspinnenarten in alphabetischer Reihenfolge	51
Anhang	95
Literaturverzeichnis	96

Vorwort

Bis vor einigen Jahren war es nahezu unmöglich, allgemeine Vogelspinnenliteratur im Buchhandel zu erwerben. Dies hat sich mittlerweile geändert. Zwischenzeitlich sind von mehreren Autoren, von denen ich einige zu meinem Freundeskreis zählen darf, Vogelspinnenbücher erschienen. Dieses Buch ist vor allem für Anfänger, aber auch für Fortgeschrittene geschrieben, die sicherlich noch nützliche Anregungen finden können, auch wenn sie schon längere Zeit selbst Vogelspinnen halten. An dieser Stelle möchte ich mich auch bei allen bedanken, die mir hilfreich zur Seite gestanden haben. Mein besonderer Dank geht an meinen Freund Michael Bullmer, der maßgeblich am guten Gelingen der meisten Fotografien beteiligt war. Desweiteren geht mein Dank an Frau Susanne Leidenroth vom Staatlichen Museum für Naturkunde in Stuttgart, welche mir viele Elektronenrastermikroskopaufnahmen von Bulben männlicher Vogelspinnen anfertigte.

Kornwestheim, 1994 Andreas Tinter

Fachwortregister

Abdomen:	Hinterleib
adult:	ausgewachsen
Bulbus:	Begattungsorgan des Männchens
Carapax:	Deckel des Kopf-Brust-Stückes
Cephalothorax:	Vorderkörper
Chelizeren:	Beißklauen mit Grundglied
Coxa:	1. Beinglied vom Körper an
Exuvie:	abgeworfene Haut
Femur:	3. Beinglied vom Körper an
Labium:	Unterlippe
Metatarsus:	6. Beinglied vom Körper an
Opisthosoma:	Hinterleib
Palpen:	Taster
Patella:	4. Beinglied vom Körper an
Prosoma:	Vorderkörper
Spermathek:	weibliche Samentaschen
Tarsus:	7. Beinglied vom Körper an
Tibia:	5. Beinglied vom Körper an
Trochanter:	2. Beinglied vom Körper an

Einleitung

Das Hobby der Terraristik hat in den letzten Jahren immer größeren Zulauf erhalten. Nach der jahrzehntelangen Domäne der Aquaristik, entscheiden sich nun immer mehr Tierfreunde für ein Terrarium. Die Vogelspinnenterraristik bildet jedoch innerhalb der allgemeinen Terraristik eine gewisse Sonderstellung, da sich Vogelspinnen in der Haltung von Reptilien oder Amphibien stark unterscheiden. Der Zubehörmarkt hat zwischenzeitlich auf diese Entwicklung reagiert und bietet seit einiger Zeit spezielle Terrarien und sogar teilweise spezielles Zubehör für die Vogelspinnenhaltung an. Dies erleichtert vor allem dem Anfänger den Einstieg, der vor einigen Jahren noch auf sich selbst gestellt war. Die wenigsten Zoohandlungen boten Vogelspinnen an, geschweige denn ein Fachverkäufer wußte über die richtige Haltung Bescheid. Dies hat sich zwischenzeitlich sehr verbessert, sodaß auch der Anfänger von Anfang an viel Freude an seinen Schützlingen haben kann.

Die Vogelspinnenhaltung ist im allgemeinen recht einfach und bedarf auch keines übergroßen Aufwandes. Allerdings sind doch einige Dinge zu beachten. Mit diesem Buch will ich versuchen, nicht nur dem Anfänger eine Anleitung und gute Tips zu vermitteln, die ich aus meiner eigenen, langjährigen Erfahrung gesammelt habe, sondern auch denjenigen, die bereits Vogelspinnen halten und pflegen einige neue Anregungen zu geben. In dieser Zeit habe ich mich sehr intensiv mit den verschiedenen Themen, die mit Theraphosiden (Vogelspinnen) zusammenhängen beschäftigt und bin auch in dieser Sache viel gereist. All diese Erfahrungen möchte ich hier weitergeben.

Sicherlich mag das Eine oder Andere Grund zu Diskussionen bieten, vor allem, was die Haltung und einige andere Themen anbelangt. Es gibt sicherlich leichte Abweichungen in der Haltung, und jeder wird seine Tiere etwas anders unterbringen. Ich will in meinem Buch jedoch überwiegend meine eigenen Erfahrungen einbringen, mit denen ich bis heute gute Erfolge erzielt habe und die auch dem Leser sehr wertvoll sein werden.

Ich wünsche daher viel Spaß beim Lesen und bei der Pflege Ihrer Lieblinge.

Grundsätzliche Vorüberlegungen

Jede Anschaffung eines Tieres sollte vorher gut überlegt sein. Wenn auch die Pflege einer Vogelspinne nicht annähernd so aufwendig ist, wie die der meisten anderen Haustiere, so ergeben sich unter Umständen doch Probleme, die vorher bedacht werden sollten. Einige dieser Probleme möchte ich an dieser Stelle ansprechen, da man sich so manchen Ärger und manche Kosten sparen kann, die ansonsten später auf einen zukommen könnten. Die Erfahrungen, die ich während meiner Nebentätigkeit in einem Zoofachgeschäft sammeln konnte, sind mir hierfür eine große Hilfe. Dort mußte ich immer wieder erleben, daß oftmals Tiere angeschafft wurden, ohne vorher große Überlegungen anzustellen und hinterher stellte sich dann heraus, daß aus irgendeinem Grunde eine weitere Haltung nicht möglich war oder das Tier mangels ausreichender Kenntnisse erkrankte oder sogar verstarb. Ich rate Ihnen deshalb, sich vorher gut zu informieren, bevor Sie sich ein Haustier zulegen.

Vor der Anschaffung sollten folgende Punkte überlegt werden:

Habe ich genügend Zeit für das Tier?

Der Pflegeaufwand für eine Vogelspinne ist im Vergleich zu anderen Haustieren relativ gering. Trotzdem sollte man in der Woche einige Stunden Zeit übrig haben, die dann auf die verschiedenen Tage verteilt werden können. Ein korrekt eingerichtetes Terrarium muß nicht unbedingt jeden Tag versorgt werden und man kann nach einigen Vorkehrungen sogar ohne weiteres einige Wochen in Urlaub fahren, ohne sich um seinen Pflegling Sorgen machen zu müssen. Ganz ohne Pflegeaufwand geht es jedoch nicht.

Sind ihre Familienmitglieder und Hausmitbewohner damit einverstanden?

Nicht selten stößt man mit diesem Hobby auf Unverständnis oder sogar Abscheu, und so mancher Vermieter reagiert allergisch auf seine neuen Untermieter. Ich habe einen Fall erlebt, wo ein Bekannter von seiner Frau vor die Wahl gestellt wurde: die Spinnen oder ich. Obwohl er lange überlegen mußte, entschied er sich doch zugunsten seiner Frau.

Kann ich mit den Futtertieren umgehen?

Naturgemäß brauchen auch Vogelspinnen etwas zu fressen. Das Futter setzt sich hauptsächlich aus Insekten und bei großen Arten auch aus Mäusen zusammen. Wer also Grillen, Heimchen, Heuschrecken, Schaben oder evtl. auch Mäuse nicht anfassen oder zumindest hantieren kann, sollte sich eine Anschaffung von Vogelspinnen gut überlegen.

Bin ich Allergiker?

Einige Vogelspinnenarten besitzen Reizhaare auf dem Opisthosoma (Hinterleib), die sie entweder bei Gefahr abstreifen oder damit ihre Wohnhöhle spicken, um ungeliebte Gäste fernzuhalten. Jeder Mensch reagiert auf diese Reizhaare unterschiedlich. Manche spüren überhaupt nichts, andere wiederum können sogar Beulen im Gesicht bekommen, oder sie müssen nießen und die Augen tränen. Wie der Einzelne reagiert, kann nicht vorausgesagt werden. Es muß einfach ausprobiert werden. Allerdings gibt es auch Vogelspinnenarten, die keine Reizhaare besitzen. Viele attraktive Theraphosiden besitzen jedoch Reizhaare. Falls Bedenken bestehen, sollten die Körperreaktionen einfach ausprobiert werden.

Grundsätzliche Vorüberlegungen

Wie ist meine Einstellung zu Vogelspinnen?

Sicherlich wird sich niemand eine Vogelspinne kaufen, der eine absolute Abneigung gegen diese Tiere verspürt. Man muß aber genausowenig total vernarrt sein. Ich zumindest bekam meine erste Spinne mit gemischten Gefühlen. Einerseits war ich durch die weitverbreiteten Ammenmärchen über Gefährlichkeit und Giftigkeit etwas ängstlich und zumindest vorsichtig, andererseits hatten mich diese Tiere so fasziniert, daß ich unbedingt mehr über sie erfahren wollte. Wie kann man das besser, als wenn man sich eines Zuhause hält. Ich will damit sagen, daß unter Umständen am Anfang etwas Mut dazu gehört, sich eine Vogelspinne anzuschaffen, man aber nicht davor zurückschrecken soll, da im Grunde nichts passieren kann. Im nächsten Kapitel gebe ich auch Hinweise, welche Spinnen sich eher für den Anfänger eignen und welche nicht.

Zum Schluß bitte ich darum, sich keine Vogelspinnen aus Sensationsgier zuzulegen, da das Tier sicherlich darunter leidet, ja oft durch häufiges Hantieren und Vorzeigen zu Schaden kommt. Leider stellt es sich immer wieder heraus, daß es solche Leute gibt. Sie werden sich durch mein Apell wohl leider nicht davon abbringen lassen.

Welche Art lege ich mir zu?

Wenn Sie sich nun also dazu entschlossen haben, sich eine Vogelspinne zuzulegen, sollten Sie sich als nächstes überlegen, welche Art es sein soll. Davon hängt nämlich die Wahl des Terrariums und des Zubehörs ab.

Grundsätzlich werden Vogelspinnen in bodenbewohnende und in baumbewohnende Arten eingeteilt. Bodenbewohnende Arten leben in freier Wildbahn hauptsächlich in mehr oder weniger tiefen Höhlen in der Erde oder unter Gestein. Sie klettern selten auf Bäume oder Gebüsch und verlassen ihre Höhle meist nur nachts. Von den mindestens 850 bekannten Vogelspinnenarten sind ein Großteil Bodenbewohner. Unter ihnen gibt es ruhige, wie auch aggressive Arten. Bodenbewohnende Vogelspinnen benötigen im Gegensatz zu ihren baumbewohnenden Artgenossen ein niedriges Terrarium mit dafür größerer Grundfläche. Ich kann an dieser Stelle nur einige Gattungen empfehlen, die normalerweise einen ruhigen Charakter besitzen. Dazu zähle ich auf jeden Fall die meisten Arten der Gattung Brachypelma und Grammostola, die auch oft im Zoofachhandel angeboten werden. Auch einige Arten der Gattung Pamphobeteus sind recht friedlich und besitzen dazu noch eine imposante Größe. Am Besten ist, Sie probieren vor Erwerb des Tieres einfach aus, ob es aggressiv ist. Dies geschieht, indem man das Tier ein wenig mit einem kleinen Stab reizt. Falls sich die Vogelspinne nicht mit den Vorderbeinen aufrichtet oder gar nach dem Störenfried schlägt, ist sie auch nicht übermäßig aggressiv. Bei den Bodenbewohnern sind fast alle asiatischen und afrikanischen Arten aggressiv und sind für den Anfänger nicht unbedingt geeignet. Bei den baumbewohnenden Arten ist es mit der Aggressivität, in Bezug auf die Herkunft, ähnlich wie bei den Boden-

Grundsätzliche Vorüberlegungen

bewohnern. Auch hier neigen die Arten, die aus Asien und Afrika stammen, eher zur Aggressivität. Dafür sind darunter recht hübsche Arten zu finden. Bei den neuweltlichen Vogelspinnen sind die meisten Arten recht friedlich. Hier ist als Paradebeispiel die Gattung Avicularia zu nennen, die mit sehr vielen Arten vertreten ist und als eher ruhig zu beschreiben ist. Sie wird deshalb auch gerne angeboten und ist bei vielen Terrarianern beliebt und begehrt. Es finden sich innerhalb dieser Gattung auch recht bunte Arten. Für sie benötigt man ein eher höheres Terrarium mit geringerer Grundfläche, da diese Tiere sich in luftiger Höhe ein Wohngespinst bauen, in dem sie leben. Die meisten Baumbewohner haben leider eine unangenehme Eigenart. Sie spritzen ihren Kot in hohem Bogen aus dem Wohngespinst. Dieser landet dann meist auf den Scheiben des Terrariums, was schon manchen Terrarianer zur Verzweiflung gebracht hat, vor allem, wenn man auf ein sauberes Terrarium bedacht ist.

Welche Spinne man sich schließlich zulegt, liegt an einem selbst. Ich kann jedoch nur jedem Anfänger raten, mit einer ruhigen Art zu beginnen und damit erste Erfahrungen zu sammeln. Danach können auch aggressive Arten gehalten werden, deren Handhabung ich in einem späteren Abschnitt behandeln werde.

Legen Sie sich aber in jedem Fall zuerst Ihr Terrarium zu, richten Sie es ein und betreiben es einige Tage ohne Spinne, um zu testen, ob sich die geforderten Bedingungen im Terrarium auch einstellen. Ansonsten kann es sein, daß Sie in Zugzwang kommen und eventuell ihre Spinne darunter leiden muß.

Vogelspinnen können in Zoofachgeschäften, auf Börsen, Privat und mittlerweile auch im Spezialversandhandel erworben werden. Einige wichtige Börsen sind im Anhang genannt oder können aus Fachzeitschriften entnommen werden.

Es ist anzuraten, falls möglich, Nachzuchten zu erwerben, da diese in der Regel gesünder und widerstandsfähiger sind als Wildfänge. Außerdem muß somit aus der Natur nichts entnommen werden. Es gibt bereits Zoofachgeschäfte, deren angebotene Tiere nur aus Nachzuchten bestehen.

Desweiteren sollten Sie darauf achten, falls Sie eine *Brachypelma* - Art erwerben wollen, daß Sie vom Verkäufer eine sogenannte Cites-Bescheinigung erhalten, da diese, und momentan nur diese, Art im Anhang II des Washingtoner Artenschutzabkommens aufgeführt wird und somit nur mit dem oben genannten Erlaubnispapier gehandelt werden darf. Nach der Anschaffung einer Art dieser Gattung sollten Sie mit ihrem örtlichen Landratsamt Kontakt aufnehmen und das Tier dort anmelden. In manchen Fällen wird man auch an das jeweilige Regierungspräsidium verwiesen. Die Form des Anmeldens und eventuelle Auflagen sind von Bundesland zu Bundesland verschieden.

Das Terrarium

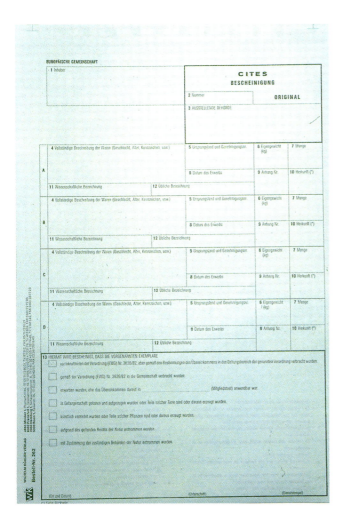

Cites-Bescheinigungsformular
Durch das Washingtoner Artenschutzabkommen werden viele Tiere besonders geschützt.
Geschützte Tiere, die im Anhang II aufgeführt sind, dürfen nur mit einer Cites-Bescheinigung gehandelt werden.

Auswahl von Terrarium und Zubehör

Die Frage, welcher Terrariumtyp paßt zu welcher Spinne ist relativ leicht beantwortet. Wie im vorigen Abschnitt erwähnt, sollten bodenbewohnende Spinnen ein Terrarium bekommen, das eine große Grundfläche im Verhältnis zur Höhe besitzt. Die Terrarienhöhe sollte bei diesem Typ 40 cm nicht überschreiten, da es auch vorkommt, daß die Spinne, auch wenn sie im Grunde bodenbewohnend ist, an den Terrarienscheiben emporklettert und abstürzen kann. Fällt sie dann mit dem Hinterleib auf einen harten Gegenstand, kann dieser aufplatzen, was in den allermeisten Fällen zum Tode führt. Die Größe der Grundfläche ist abhängig von der Größe der Spinne. Für große Arten wie z.B. Pamphobeteus spec. sollte eine Grundfläche von 30 x 40 cm geboten werden. Für mittelgroße Arten genügt eine Grundfläche von 30 x 30 cm und für kleine Arten wie z.B. die Zwergvogelspinnen aus der Unterfamilie der Ischnocolinae ein Terrarium von 30 x 20 cm. Natürlich kann ein Terrarium jederzeit größer sein. Es verbessert aber nicht das Wohlbefinden der Spinne. Vielmehr kann es dekorative Gründe haben, da man ein größeres Terrarium auch attraktiver einrichten kann. Sehr große Terrarien haben nur den Nachteil, daß sich die gereichten Futtertiere besser verstecken können, was dann zum Beispiel bei der Häutung zu Schwierigkeiten führen kann. Doch dazu später mehr.

Die handelsüblichen Terrarien, die angeboten werden, sind in den vielfältigsten Größen und Variationen angefertigt. Viele davon sind jedoch nicht geeignet. Allerdings gibt es zwei Typen, die ich besonders hervorheben möchte, da sie unterschiedliche Vorteile bieten. Die Unterschiede bestehen hauptsächlich in der Art des Verschließens. Zum

Terrarium für bodenbewohnende Arten. Bei der Anschaffung eines Terrariums achten Sie immer darauf, daß dieses ausbruch- und kindersicher ist. Im Handel sind für manche Terrarien spezielle Schlösser erhältlich.

Einen gibt es Terrarien, die eine senkrecht verlaufende Schiebetüre haben, die man ganz nach oben geschoben, auch herausnehmen kann. Diese Terrarien sind ohne besondere Vorkehrungen sehr ausbruchssicher, da die Schiebescheibe durch die Schwerkraft automatisch nach unten gedrückt wird. Ich habe noch keine Spinne erlebt, die aus so einem Terrarium ausgebrochen ist.

Die zweite Variante hat zwei waagerechte Schiebescheiben, die durch eine Doppel-U-Schiene geführt werden und auch gegenseitig verschoben werden können. Hier hat die Spinne, falls sie kräftig genug ist, die Möglichkeit, eine der Scheiben einen Spalt weit zu öffnen und zu entweichen. Darum sollten diese Terrarien mit einer entsprechend gebogenen Büroklammer gesichert werden. Einen Vorteil bietet dieses System jedoch. Im Handel sind spezielle Schlößer erhältlich, mit denen das Terrarium fest verschlossen werden kann. Somit können auch keine Unbefugten das Terrarium öffnen. Das ist besonders bei Familien mit Kindern recht praktisch.

Lüftungen sollten beide Terrarientypen aufweisen und wenn diese noch diagonal angeordnet sind, kann das Terrarium im Normalfall auch nicht beschlagen.

Zum Wohlbefinden der Spinne sollte im Terrarium eine Temperatur zwischen 22° C und 25°C herrschen. Da dies über der normalen Raumtemperatur liegt, muß meist nachgeholfen werden. Dies kann entweder durch eine mit der Wattzahl angepaßten Glühbirne erreicht werden, die im Terrarium installiert wird oder durch ein Heizkabel, welches von außen an den Wänden des Terrariums verlegt wird. Niemals sollte das Heizkabel unter das Terrarium gelegt werden, da sich sonst das Bodensubstrat erwärmt, was für die Spinne einen unnatürlichen Zustand darstellt. Gräbt sie in der Natur, so wird es mit zunehmender Tiefe immer feuchter und kühler. Gräbt sie, in einem von unten beheizten Terrarium, wird das Bodensubstrat immer wärmer und trockener. Verharrt sie in dieser Höhle, kann sie Schaden nehmen und sogar verenden.

Desweiteren benötigen wir weitere Utensilien, die uns zur Kontrolle oder zur Fütterung dienen. So sollte jedes Terrarium mit einem Thermometer und wenn möglich auch mit einem Hygrometer ausgestattet sein, um Temperatur und Luftfeuchtigkeit ständig und einfach kontrollieren zu können. Desweiteren benötigen wir eine Wasserschale, die möglichst schwer sein sollte (Ton, Steingut), da die Spin-

Drosophila-Gläser, Wasserschale, Heizkabel. Heizkabel können über ein Thermostat auf die Idealtemperatur eingestellt werden. So ist ein Überhitzen des Terrariums nicht möglich. In Terrarien mit grabenden Spinnen dürfen die Heizkabel keinesfalls unter dem Terrarium angebracht werden, da sich sonst der Boden zu stark erwärmt, was einen unnatürlichen Zustand darstellt.

Einrichtung und Aufstellung des Terrariums

Es gibt verschiedene Methoden ein Vogelspinnenterrarium einzurichten. Ich würde die verschiedenen Methoden von spartanisch bis dekorativ einstufen. Einen Bodengrund benötigen wir in jedem Fall. Ich verwende hierfür einfache Blumenerde, die gedüngt aber nicht mit Insektenvertilgungsmitteln behandelt sein darf. Man kann auch reinen Torf verwenden, der jedoch den Nachteil hat, daß er, einmal ausgetrocknet, sich nur schwer wieder befeuchten läßt. Der Bodengrund sollte mind. 6-8 cm hoch eingefüllt werden. Je höher der Bodengrund, desto besser hält sich die Feuchtigkeit.

Als Einrichtungsgegenstände eignen sich Wurzeln aller Art, sowie Korkrinde und auch Steine. Sie sollten wegen der zuvor beschriebenen Verletzungsgefahr nicht zu nahe an den Seitenscheiben postiert werden. Ein größeres Stück gebogene Korkrinde kann, auf den Boden gelegt, einer bodenbewohnenden Art einen Unterschlupf oder sogar eine Höhle bieten und senkrecht aufgestellt einer baumbewohnenden Art ermöglichen, daran ihr Wohngespinst zu verankern. Meine Terrarien sind mit diesen Gegenständen eingerichtet. Wer jetzt das Terrarium noch etwas verschönern will, kann es zusätzlich noch bepflanzen. Man sollte jedoch Pflanzen kaufen, die nicht besonders lichtbedürftig und trotzdem widerstandsfähig sind, wie zum Beispiel Efeu, Zierrebe, Pfennigblatt oder Moose. Jedenfalls müssen die Pflanzen gut abgewaschen werden, bevor sie ins Terrarium gepflanzt werden können, um etwaige Pflanzenschutzmittel zu entfernen. Eine Bepflanzung ist sicherlich sehr attraktiv, bedeutet in den meisten Fällen jedoch einen erheblichen Mehraufwand, da die Haltbarkeit der Pflanzen meist begrenzt ist. Nun können Sie nur hoffen, daß Ihrer

nen ab und zu ihr Terrarium nach ihren eigenen Vorstellungen umgestalten und dann eine zu leichte Wasserschüssel umkippen. Außerdem hilft uns eine lange Futterpinzette aus Stahl, die Futterinsekten gezielt und ohne Verlust ins Terrarium zu befördern. Viele meiner Vogelspinnen nehmen zwischenzeitlich das Futter direkt von der Pinzette, ohne daß ich das Futterinsekt ins Terrarium werfen muß.

Mit diesen Dingen ausgerüstet, kann man an die Einrichtung des Terrariums schreiten.

Das Terrarium

Terrarium für baumbewohnende Arten, mit Einrichtung. Beachten Sie, daß Sie das Terrarium nicht direkter Sonneneinstrahlung aussetzen, da es sich sonst stark aufheizen kann.

Vogelspinne die Einrichtung so „gefällt", da einige Arten nach gewisser Zeit ihr Terrarium regelrecht umräumen und dann bleibt im wahrsten Sinne des Wortes kein Stein auf dem anderen.

Beachten Sie bitte unbedingt, daß Sie Ihr Terrarium nicht ans Fenster oder an einem Ort aufstellen, wo die Sonne direkt darauf scheinen kann. Es wird sich sonst bei direkter Sonneneinstrahlung innerhalb kürzerster Zeit stark aufheizen. Wenn die Temperaturen über 30° C ansteigen, wird Ihre Spinne rasch verenden.

Haltungsbedingungen

Vogelspinnen sind, im Gegensatz zu anderen Terrarientieren, recht einfach zu halten, und sie gedeihen auch gut, wenn man einige Grundbedürfnisse beachtet. Man muß auch nicht unbedingt täglich nach ihnen schauen, obwohl dies natürlich von Vorteil wäre.

Für die allermeisten Vogelspinnen gelten die Werte 22°C bis 25°C und eine Luftfeuchtigkeit von 70% bis 80% als Richtwert. Einige Arten bilden eine Ausnahme, da sie z.B. aus höheren Regionen stammen und dort niedrigere Temperaturen herrschen. Solche Arten wurden dann als schwierig zu halten betrachtet, bis man herausfand, daß sie einfach ein kühleres Klima benötigen. Wenn vom Großhandel Tiere importiert werden, liegen meist keine Informationen darüber vor, aus welchem Gebiet die Spinnen stammen. Somit weiß man bei solchen neuen Arten auch oft nichts über deren Haltungsbedingungen. So bleibt einem nichts anderes übrig, als die Tiere unter den normalen Bedingungen zu halten und es ist zu hoffen, daß diese den natürlichen Gegebenheiten entsprechen.

Eine Art, die als problematisch galt, war Brachypelma mesomelas, die seit einigen Jahren in unregelmäßigen Abständen importiert wird. Anfänglich war es nicht bekannt, daß die Art aus den Bergregionen um Monteverde in Costa Rica stammt, die gerne nebelbehangen sind und eher ein kühles Klima aufweisen. Sie leben in flach gegrabenen Höhlen, die in feuchtem Erdreich erbaut sind. Auch weht dort immer ein frischer Wind. Diese Bedingungen sind erst durch Terrarianer bekannt geworden, die das Land bereisten und das Klima studierten. Daraufhin hielt man die Art im Terrarium kühler und auch feuchter, was zur Folge hatte, daß die Überlebensrate stark anstieg. Die Tatsache, daß diese Art nur äußerst selten nachgezogen wurde, zeigte an, daß die Haltungsbedingungen nicht optimal waren und die Tiere sich längere Zeit an das Mikroklima im Terrarium gewöhnen müssen. Eine weitere Art, die ebenfalls kühler gehalten werden muß ist Hapalotremus albipes aus Bolivien. Sie machte zu Anfang, als sie importiert wurde, ebenfalls Haltungsprobleme.

Die gewünschte Solltemperatur von 22 - 25° C. erreicht man durch Einsatz von Glühbirnen oder Heizkabel. Es muß nur noch die Wattzahl der Glühbirne herausgefunden werden, mit der die gewünschte Temperatur erreicht wird. Bei den bereits genannten Terrariengrößen sind das ungefähr 25 Watt. Beim Heizkabel wird es etwas komplizierter, da man sich für eine Wattzahl beim Kauf entscheiden muß. Es sollte mind. 50 Watt Leistung haben, da der Wirkungsgrad beim Verlegen außerhalb des Terrariums geringer ist. Wird das Terrarium beim Dauerbetrieb zu warm, so schaltet man das Heizkabel mit einer Zeitschaltuhr in regelmäßigen Abständen ein und aus. Man erreicht damit eine Absenkung der Innentemperatur des Terrariums. Hier muß man einige Versuche fahren, bis sich die richtige Temperatur einstellt. Desweiteren bietet der Zubehörmarkt auch fertige Steuerungen an, bei denen man mit Hilfe eines Temperaturfühlers im Terrarium und einer einzustellenden Temperatur ständig die gewünschte Wärme im Terrarium einstellen kann. Ja man kann sogar der Steuerung eine Nachtabsenkung der Temperatur vorgeben.

Die Luftfeuchtigkeit im Terrarium erreicht man entweder durch Besprühen, durch Giessen des Bodensubstrats oder durch eine Kombination aus beidem. Bei Baumbewohnern ist ein Sprühen unumgänglich, da sie in der Regel durch die überall anhaftenden Wassertropfen trinken. Die Spinne selbst sollte man nicht direkt ansprühen, da sie das nicht gern hat und meistens rasch flüchtet. Das kommt dadurch, daß einige Haare der Vogelspinnen Sinnesorgane darstellen, die auf die leisesten Luftschwingungen reagieren. Wenn man dann die Spinne ansprüht gleicht das einer Ohrfeige. Ich gieße bei meinen bodenbewohnenden Arten nur das Substrat, da dies in der Regel völlig ausreicht. Außerdem bekommt man beim Sprühen mit hartem Leitungswasser viele Kalkflecken an die Scheiben, die nur schwer wieder entfernt werden können.

Vor einer Urlaubsreise sollte das Bodensubstrat sehr gut durchnässt werden. Am Tag der Abfahrt wird dann das Terrarium in einen kühlen Raum (ca. 18°C) gestellt und die Heizung ausgeschaltet. Dadurch wird gewährleistet, daß über einen längeren Zeitraum die Luftfeuchtigkeit erhalten bleibt. Eine niedrigere Temperatur über einige Wochen schadet der Spinne in der Regel nicht. Manchmal kann es sogar sein, daß ein vorübergehender Klimawechsel die Tiere in Paarungsstimmung bringt oder Weibchen zum Kokonbau bewegt.

Es dürfte selbstverständlich sein, daß die Wasserschale, die im Grunde in jedem Terrarium vorhanden sein muß, immer sauber und gefüllt sein sollte. Leider haben manche Tiere die Angewohnheit, ihren Kot in die Wasserschüssel abzusetzen, was natürlich zur Folge hat, daß das Trinkwasser täglich gewechselt werden muß.

Regelmäßige Pflegearbeiten

Zu den täglichen Arbeiten gehören das Sprühen oder Befeuchten des Bodensubstrates und das Reinigen und Befüllen der Trinkschale. Desweiteren sollte mehrmals in der Woche kontrolliert werden, ob sich etwaige Speisereste oder tote Futtertiere im Terrarium befinden, die dann entfernt werden müssen, um etwaige Keimherde auszuschalten. Kotreste sind auf dem Bodengrund kaum zu finden und ihnen muß, solange sie keinen Schimmel ansetzen, keine Beachtung geschenkt werden. Selbst die Kotreste an den Scheiben sind eigentlich nur Schönheitsfehler, da sie festtrocknen und keinen Schaden anrichten. Deshalb sind die Routinearbeiten am Tag in ca. 5-10 Minuten pro Terrarium beendet.

Je nach Verschmutzungsgrad sollte dann alle vier bis sechs Monate das Terrarium ausgeräumt und zusammen mit den Einrichtungsgegenständen gut gereinigt werden. Bei dieser Gelegenheit kann man auch gleich eine eventuell vorhandene Bepflanzung erneuern.

Handhabung von Vogelspinnen

Die Handhabung von Vogelspinnen bereitet besonders dem Anfänger einiges Kopfzerbrechen, da er noch keine Vorstellung hat, wie die Spinnen auf Berührungen reagieren. Tatsächlich reagiert jedes Tier anders. Es ist jedoch von vornherein zu sagen, daß eine Vogelspinne nicht mit den Händen angefaßt werden muß. Desweiteren ist die Handhabung weit weniger gefährlich, als man sich das vorstellen mag. In den vielen Jahren, in denen ich nun Vogelspinnen halte, wurde ich noch kein einziges Mal gebissen. Das mag zum Einen daran liegen, daß ich bis zum heutigen Tage eine gewisse Vorsicht walten lasse und zum anderen die Spinne stets als „wildes" Tier akzeptiere und dementsprechend mit ihr umgehe. Sicherlich fasse ich auch einmal, z.B. zu Vorführungszwecken vor Schulklassen, mit den Fingern eine Vogelspinne an und lasse sie mir und den begeisterten Kindern über die Hand laufen. Dies kann man allerdings nicht mit jedem Exemplar tun.

Viele Arten sind von Haus aus aggressiv und lassen sich nur mit sehr viel Übung anfassen. Dies muß auch nicht unbedingt mit den Fingern geschehen, da einem andere Hilfsmittel zur Verfügung stehen. Das billigste und zugleich bewährteste Hilfsmittel ist die Heimchendose, die sie nach ihrem ersten Kauf von Futterinsekten übrig haben. Sie können jedoch auch jede andere Kunststoffdose nehmen. Es ist jedoch von Vorteil, wenn diese durchsichtig ist.

Wenn die Vogelspinne aus dem Terrarium, zum Beispiel zu Reinigungsarbeiten, herausgenommen werden soll, wird einfach eine leere Dose über die Spinne gestülpt. Danach wird dann unter ihr der Deckel der Dose durchgeschoben und verschlossen. So ist ihre Spinne gut aufgehoben und die notwendigen Arbeiten können durchgeführt werden. Je nach Vogelspinnenart muß dabei mehr oder weniger flink vorgegangen werden. Falls die Spinnen bei

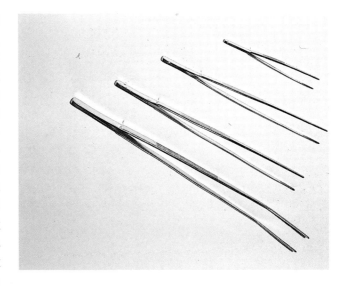

Futterpinzetten sind in verschiedenen Größen im Fachhandel erhältlich. Größere Pinzetten sind auch zum Greifen der Spinnen geeignet.

diesem Vorgang einmal drohen sollten, so braucht man sich davon nicht beeindrucken lassen. Die Heimchenschachtel ist ein gutes Schutzschild, durch das die Spinne in dieser Situation nicht beißen kann.

Eine weitere Methode besteht darin, die Spinne mit einer großen, langen Stahlpinzette zu greifen. Die Pinzette sollte dafür mind. 30 cm lang sein. Um das Tier zu ergreifen, hält man die Pinzette waagerecht und geht damit von der Seite auf die Spinne zu. Man greift sie dann schließlich am Vorderteil in Höhe zwischen dem zweiten und dritten Beinpaar. Dabei sollte nicht zu fest zugedrückt werden, aber fest genug, damit sich die Spinne nicht befreien kann. Keine Angst, an dieser Stelle sind die Tiere recht stabil und mit etwas Gefühl kann die Spinne keinen Schaden nehmen. Wird die Spinne so gegriffen und angehoben, streckt sie in der Regel alle Beine weit von sich und sie kann so auch gedreht

Handhabung von Vogelspinnen

Hier sehen Sie ein Greifbeispiel mit einer Stahlpinzette. Von der Seite wird die Spinne am Vorderkörper zwischen dem zweiten und dritten Beinpaar gegriffen. Keinesfalls darf zu fest zugedrückt werden, um Verletzungen zu vermeiden. Der Druck muß aber doch so stark sein, daß sich die Spinne nicht befreien kann.

und gewendet werden, was später einmal für die Geschlechtsbestimmung von Vorteil ist.

Wer dann schon etwas Erfahrung mit Vogelspinnen gesammelt hat, kann zur dritten Methode übergehen und das Tier einfach mit den Fingern greifen. Wer es noch nie versucht hat, sollte es sich von jemandem zeigen lassen und es an einem ruhigen Tier ausprobieren.

Hierbei drückt man mit dem Zeigefinger das Tier am Vorderteil zu Boden, so daß es nicht weglaufen und sich auch nicht mehr wehren kann. Dann greift man mit dem Daumen und Mittelfinger der selben Hand ebenfalls das Vorderteil zwischen dem zweiten und dritten Beinpaar und hat das Tier sicher im Griff. Falls sich die Spinne zu befreien versucht, muß entweder kräftiger zugepackt, oder das Tier nochmals abgesetzt werden, um den Griff erneut anzulegen. Wie schon erwähnt, bedarf es dazu einiger Übung, und diese Methode sollte eigentlich nur bei Tieren angewandt werden, die nicht aggressiv sind.

Wie man welche Spinne hantiert ist Erfahrungssache. Pamphobeteus nigricolor aus Ecuador zum Beispiel läßt sich weder mit der Pinzette, geschweige denn mit den Fingern gut packen. Einmal zugegriffen versucht das Tier unentwegt sich zu befreien, was den großen und kräftigen Spinnen dann auch nach einiger Zeit gelingt. Hier muß eben die Heimchendosenmethode angewendet werden, die auch hier die meiste Sicherheit bietet.

Falls einmal eine aggressive Vogelspinne angefaßt werden muß, zum Beispiel weil sich die Spinne verletzt oder schlecht gehäutet hat, so wird das Tier mit der Heimchenschachtel gefangen und einige Minuten in den Kühlschrank gestellt. Die niedrige Temperatur wird die Körperaktivität der Spinne stark herabsetzen und so können Sie, solange sich das

Handhabung von Vogelspinnen

Abfolge des Greifens einer Vogelspinne mit der Hand

Tier nicht wieder erwärmt hat, die notwendigen Arbeiten durchführen. In einigen Forschungsinstituten werden auch spezielle Apparaturen verwendet, um die Spinnen für Untersuchungen ruhig zu stellen. Dabei werden die Tiere bis zu einer halben Stunde lang mit Kohlendioxyd begast, was sie völlig regungslos werden läßt. Diese Methode ist jedoch recht aufwendig und sollte nur von erfahrenen Personen angewendet werden.

Falls einmal eine Vogelspinne mit der Post verschickt werden soll, so kann dies unter Beachtung verschiedener Maßnahmen erfolgen. Grundsätzlich ist es erlaubt, wirbellose Tiere mit der normalen Post zu versenden. Für Wirbeltiere hingegen ist eine besondere Versendungsform vorgeschrieben. Man sollte die Spinnen jedoch stets per Schnellsendung verschicken. Die Verpackung der Tiere ist dabei die Hauptsache. Da davon ausgegangen werden muß, daß das Packstück auch einmal gestoßen oder geworfen wird, ist es wichtig, daß die Tiere so verpackt werden, daß sie durch einen harten Aufprall nicht verletzt werden. Dies wird dadurch erreicht, daß man kleine Spinnen in leere Kleinbildfilmdosen verpackt, in die zuvor Löcher gebohrt werden. Bevor die Spinne in die Filmdose entlassen wird, sollte diese mit einem Stück Haushaltseinwegtuch ausgekleidet werden. Die Filmdosen selbst werden dann später im Packstück am Besten in Styroporchips, feine Zeitungspapierstreifen oder Watte eingebettet. So können etwa auftretende Stöße abgefedert werden. Spinnen, die nicht mehr in Filmdosen passen, werden in kleine Plastiktüten verpackt. Dies hört sich im ersten Moment grausam an, hat sich jedoch während vielen Jahren bestens bewährt, und die Tiere erleiden hierdurch keinerlei Schäden. Dabei werden Folienbeutel aus PVC verwendet, die zäh und nicht knisternd sind. Die Spinne läuft dann entweder von selbst in die Tüte oder sie wird mit der Pinzette gegriffen und so in die Tüte hineingegeben. Dann wird das Tier in eine Ecke der Tüte getrieben und ihr anschließend durch Abdrehen des Folienbeutels der Rückweg verschlossen. Zum Schluß wird das Ende der Tüte so verknotet, daß die Spinne nur sehr wenig Bewegungsfreiheit hat. Oftmals beißen die Spinnen dann durch die Tüten hindurch. Wenn das Tütenmaterial zäh ist, können sie zwar Löcher hineinbeißen, die Tüte jedoch nicht zerreißen. Wir Menschen würden, in eine Plastiktüte gesteckt, binnen weniger Minuten ersticken. Bei den Spinnen ist dies anders. Auch ein mehrtägiger Aufenthalt in einem Plastikbeutel schadet ihnen nicht. Ich habe es sogar schon erlebt, daß Vogelspinnen, die bedingt durch einen Irrläufer der Post, fast 2 Wochen in dieser Verpackung unterwegs waren und dennoch wohlbehalten ankamen.

Viel gefährlicher wird es für die Tiere, wenn große Hitze oder starker Frost herrschen. Vor diesen Witterungseinflüssen sind Vogelspinnen beim Versand unbedingt zu schützen. An sehr heißen Tagen sollte vom Versand abgesehen werden oder zumindest der Karton mit vielen Löchern zur Belüftung versehen werden. In der kalten Jahreszeit ist die Verwendung von Styroporboxen wohl unumgänglich. Diese isolieren recht gut und können im Bedarfsfall noch mit einem sogenannten „Heat pack" zusätzlich beheizt werden. „Heat packs" sind mit einem Spezialgranulat gefüllte Papierbeutel, die zur Lagerung vakuumverpackt sind. Bei Verwendung werden die Beutel aus der Vakuumverpackung entnommen und z.B. am Deckel der Styroporbox befestigt. Das im Beutel enthaltene Granulat entwickelt bei Sauerstoffberührung Wärme. Dabei werden keinerlei schädlichen Gase frei. Es ist jedoch zu beachten, daß der Beutel nicht in unmittelbarer Nähe der Tiere deponiert wird, da er zeitweise Temperaturen von bis zu 50° C entwickeln kann. „Heat packs" können über den Fachhandel oder Fachversand erworben werden.

Das Futter

Wie alle Lebewesen benötigen auch Vogelspinnen Nahrung, um ihren Stoffwechsel zu betreiben. Bedingt durch ihre geringen Körperaktivitäten können sie sich jedoch zu wahren Hungerkünstlern entwickeln. Ich habe Fälle erlebt, in denen zum Beispiel Arten der Gattung Grammostola bis zu einem Jahr und mehr die Nahrung verweigerten und dennoch gesund blieben. Dies ist zwar nicht die Regel, kann jedoch in Ausnahmefällen vorkommen. Es sollte deshalb niemand beunruhigt sein, falls einmal ein Pflegling eine längere Fastenperiode einlegt.

Darüber hinaus gibt es aber auch das andere Extrem. Theraphosa leblondi zum Beispiel neigt stark dazu, sich zu überfressen, wobei dann das Opisthosoma (Hinterleib) gigantische Ausmaße annehmen kann. Mir wurde in diesem Zusammenhang einmal von Klaas, einem Kollegen, berichtet, daß ein Weibchen dieser Art nach dem Verzehr etlicher Mäuse ein Tennisball großes Opisthosoma besaß. Das mag wohl imposant aussehen, wird jedoch in der Regel in der freien Natur nicht vorkommen, da dort das Nahrungsangebot eher spärlich ausfällt. Desweiteren sind solch derart angefütterte Tiere leichter verletzlich, da die Haut des Hinterleibs stärker gespannt ist und schon bei einem kleinen Aufprall oder Stoß aufplatzen kann.

Die Nahrung von Vogelspinnen kann sehr vielseitig aussehen: Heuschrecken, Grillen, Heimchen, Schaben, Mehlwürmer, Zophopas (Schwarzkäferlarven), Fliegen oder auch Mäuse, Babyratten, Küken oder Kleinreptilien können gereicht werden. Dabei ist zu beachten, daß das Futter nicht zu groß oder zu klein ausfällt. Für eine Spinne, die beispielsweise die Spannweite eines 5-Mark-Stückes besitzt, sollte ein Heimchen von ca. 1 cm Länge gereicht werden. Manche Arten derselben Spannweite nehmen auch größere Futtertiere, manche wiederum nehmen

Theraphosa leblondi, fressend in einer Höhle. Während des Fressens sollten sie, wie auch andere Spinnen, nicht gestört werden.

davor reißaus. Es sollte dann später mit kleineren Futtertieren nochmals ein Versuch unternommen werden. Grundsätzlich muß das Nahrungsangebot im Gegensatz zu Reptilien nicht abwechslungsreich sein. Das Futter kann deshalb nach der Verfügbarkeit ausgesucht werden. Die großen Arten, wie zum Beispiel Theraphosa leblondi oder Arten der Gattungen Pamphobeteus, Xenesthis, Sericopelma und andere kann man mit Mäusen schnell und wirkungsvoll satt bekommen. Mit etwas Glück nehmen die Spinnen die Mäuse auch tot an. Das hat den Vorteil, daß die Futtermäuse gefroren besorgt werden können und dann nach Bedarf aufgetaut werden. Dies gilt ebenso für Küken und Babyratten. Das Futter muß keinesfalls mit Vitaminen oder Calcium, wie bei Reptilien, vor dem Verzehr behandelt werden.

Nicht alle Spinnen fressen alles, was ihnen angeboten wird. So kommt es vor, daß einige Arten beispielsweise gewisse Schabenarten nicht nehmen. Jedenfalls lassen die Spinnen dann das Erbeutete

Das Futter

nach kurzer Zeit wieder fallen. Auch sollte unbedingt darauf geachtet werden, daß nur soviel Futtertiere gereicht werden, wie die Spinne innerhalb der nächsten Tage fressen kann. Sollte die Spinne angebotenes Futter verweigern, so ist dieses wieder aus dem Terrarium zu entfernen. Es könnte nämlich sein, daß sich das Tier kurz vor der Häutung befindet. Falls sich während des Häutungsvorganges Grillen oder Heimchen im Terrarium befinden, kann es vorkommen, daß die Spinne von den Futtertieren angefressen wird. Während der Häutung kann sich die Spinne nicht dagegen wehren. Eine beigebrachte Verletzung kann zum Ausbluten und Tode führen. Desweiteren muß auch auf die Gefahr hingewiesen werden, die einer Vogelspinne bei der Jagd nach einer ausgewachsenen Maus droht. Zwar ist es bei meinen Spinnen noch nicht passiert, jedoch wurde mir schon berichtet, daß sich Mäuse nach dem Zubeißen der Spinne gewehrt und ebenfalls die Spinne gebissen haben. Dies kann zu ernsthaften Verletzungen oder zum Verlust eines Beines führen. Meine Erfahrungen haben jedoch gezeigt, daß in der Regel die Vogelspinne vor dem Zupacken blitzschnell die Maus abtastet und dadurch feststellt, wo sich der Kopf der Maus befindet. Danach wird die Maus in der Regel ins Genick gebissen. Das Gift der Spinne wirkt bei Warmblütern nicht so schnell, so daß der Todeskampf bis zu einer Minute und länger andauern kann, falls die Maus nicht sofort am gebrochenen Genick verendet.

Das erbeutete Futter wird von der Spinne oft vor dem Verzehr mit Spinnfäden eingehüllt, beziehungsweise wird einen kleiner Teppich auf dem Boden gesponnen, worauf sie das Opfer verspeist. Die Bedeutung des Teppichs ist noch nicht genau erforscht, jedoch wird angenommen, daß dadurch selbst kleinste Teile der Beute, zum Beispiel abgebrochene Beine von Insekten, nicht verlorengehen und verzehrt werden können. In der Natur kann dies bei einem geringen Nahrungsangebot sehr von Bedeutung sein.

Die Nahrung selbst wird vor der Mundöffnung verdaut, das heißt die Vogelspinne erbricht Verdauungssekrete auf das Beutetier, verflüssigt die Nahrung dadurch und saugt sie ein. Dabei können, besonders beim Verzehr von Warmblütern, unangenehme Gerüche auftreten. Nach der Mahlzeit bleiben oft nur die unverdaulichen Reste übrig, die sich bei Insekten aus Teilen des Chitinpanzers, Flügeln, etc. und bei einer Maus aus dem Fell und dem Schwanz zusammensetzen. Um ein Heimchen zu verzehren, benötigt eine mittelgroße Spinne circa 1 Stunde, für eine ausgewachsene Maus oft mehr als 24 Stunden.

Die meisten Spinnen fressen bedingt auf Vorrat, das heißt, daß der Halter nicht ständig Futter im Haus haben muß. In der Regel genügt ein Fütterungsabstand von ein oder auch zwei Wochen. Falls Sie Ihre Spinne(n) täglich füttern, kann es schon nach einigen Tagen passieren, daß die Tiere die Nahrung verweigern, weil sie satt sind.

Den Ernährungszustand von Spinnen erkennt man am Umfang des Hinterleibs. Spinnen mit einem kleinen Hinterleib sind schlecht, mit einem großen Hinterleib gut genährt. Dies gilt allerdings nicht für adulte (ausgewachsene) Männchen. Diese fressen nach der Reifehäutung nur wenig oder auch gar nichts, um ihre Beweglichkeit zu erhalten und nicht träge zu werden.

Futtertiere können in der Regel im guten Zoofachgeschäft erworben werden. Zwischenzeitlich gibt es jedoch auch die Möglichkeit sich das Futter frei Haus schicken zu lassen. Bezugsquellen können aus der Fachpresse entnommen werden.

Die Einordnung von Vogelspinnen ins Tierreich

Spinnen sind keine Insekten. Spinnen gehören zum Stamm der Gliederfüßer (Arthropoda). Im Unterstamm gehören die Spinnen zu den Fühlerlosen (Chelizerata). Die Klasse bilden dann die Spinnentiere (Arachnida): Darin finden sich in der Ordnung Skorpione, Geiselskorpione, Afterskorpione, Webspinnen, Walzenspinnen, Weberknechte und Milben. Die Vogelspinnen stammen aus der Unterordnung der Vogelspinnenartigen, zu denen außerdem noch die Falltürspinnen und die Tapezierspinnen zählen.

Die Vogelspinnensystematik

Leider ist die Vogelspinnensystematik zu einem leidigen Thema geworden. Derzeit gibt es leider nur sehr wenige Personen auf der Welt, die sich ernsthaft mit der Systematik von Vogelspinnen beschäftigen. Spinnen wurden erstmals 1646 von Marcgrave schriftlich erwähnt und beschrieben. Danach versuchten sich bis zum Ende des 18. Jahrhunderts viele Wissenschaftler an der Beschreibung und Klassifizierung von Spinnen und auch von Vogelspinnen. Im speziellen wollen wir uns für die Unterfamilien, Gattungen und Arten interessieren. Wenn man SCHMIDT, 1993 folgen mag, so sind derzeit folgende Unterfamilien relevant: Harpactirinae, Ornithoctonineae, Thrigmopoeinae, Selenocosmineae, Poecilotherieae, Eumenophorinae, Stromatopelminae, Aviculariinae, Theraphosinae, Selenogyrinae und die Ischnocolinae. Innerhalb dieser Unterfamilien finden sich wiederum die verschiedenen Gattungen. Als Beispiel will ich die Unterfamilie der Aviculariinae wählen. In ihr sind folgende Gattungen enthalten: Avicularia, Psalmopoeus, Pachistopelma, Ephebopus, Tapinauchenius. Innerhalb dieser Gattungen finden sich dann die Arten. Zum Beispiel Psalmopoeus: P. affinis, P. cambridgei, P. ecclesiasitcus, P. intermedius, P. plantaris, P. pulcher, P. reduncus, P. rufus. Wenn man nun alle Unterfamilien mit ihren Gattungen nimmt, so zählt man momentan ca. 850 verschiedene Vogelspinnenarten. Leider ist das Verwirrende für den Terrarianer die Tatsache, daß aufgrund neuer wissenschaftlicher Erkenntnisse sich die Namensgebung ändern kann. Stellt man also fest, daß eine Art, die bisher in Gattung A stand wegen verschiedener Merkmale nicht mehr in diese Gattung paßt, kann es sein, daß diese Art in Zukunft in der bisherigen Gattung B oder einer neuen Gattung C stehen wird. Es kann jedoch nicht ausgeschlossen werden, daß in einigen Jahren aufgrund weiterer wissenschaftlicher Erkenntnisse dieselbe Art wieder in Gattung A landet. Ich muß zugeben, für den Laien ein ziemliches Verwirrspiel.

Einer der Hauptgründe für diese Entwicklung ist die Tatsache, daß bis heute eigentlich Grundlagenforschung fehlt. Niemand ist heute in der Lage, Bestimmungsmerkmale von Vogelspinnen zu nennen, die 100%ig konstant sind. Man verläßt sich bis zum heutigen Tage darauf, alle nur möglichen Merkmale genauestens zu beschreiben und anhand dieser die Einordnung zu wagen. Sicherlich wird sich eines Tages jemand die Mühe machen, hunderte von Tieren derselben Art auf die Regelmäßigkeit der Merkmale zu untersuchen. Danach werden sicherlich einige Bestimmungsmerkmale aus den Schlüsseln herausfallen.

Aus diesem Grund möchte ich in diesem Buch keine weiteren systematischen Einordnungen vollziehen, sondern mich auf die Strukturen beschränken.

Eine wichtige Hilfe für den Interessierten stellen die Kataloge dar, die seit 1942 erschienen sind. In ihnen sind alle im genannten Zeitraum beschriebenen Spinnen namentlich enthalten und es ist erwähnt, wer, wo und wann die Arbeit publizierte. Die Verfasser der einzelnen Kataloge sind Roewer, Bonnet, Brignoli, und Platnick. Diese Kataloge kann man entweder in großen Bibliotheken leihen oder sich auch kaufen, wobei einige sehr teuer sind. Anhand von diesen Katalogen kann man nun den Literaturhinweis erfahren, mit dem man die Originalarbeit anfordern kann, sprich die Erstbeschreibung.

Die lateinischen Bezeichnungen und die Bestimmung von Vogelspinnen

Die lateinischen Bezeichnungen sind sicherlich das größte Problem und gerade als Anfänger tut man sich damit recht schwer. Nicht nur, daß man meist die Bedeutung nicht kennt, nein, selbst mit der Aussprache ist das nicht so einfach. Ich rate jedoch jedem, nicht gleich zu kapitulieren, da im Bereich der Vogelspinnen fast keine deutschen Namen verwendet werden und dort, wo dies der Fall ist, treten ständig Mißverständnisse auf. Deshalb ist es unumgänglich, sich die lateinischen Namen der einzelnen Gattungen und Arten einzuprägen, wenn man mitreden möchte. Hier in Deutschland hat man von vorneherein diesen Weg beschritten und kommt damit sehr gut zurecht. Wenn man aber zu unseren Nachbarn nach England schaut, so kann man sagen, daß dort ein regelrechtes Namenschaos herrscht. Mittlerweile wurde dies dort auch erkannt und mit viel Mühe werden die ganzen common-names (Allgemeine Bezeichnungen) durch die scientific-names (Wissenschaftliche Namen) ersetzt.

Mit der Bestimmung von Vogelspinnen schneide ich ein weiteres, brisantes Thema an, da, und da sind sich alle namhaften Wissenschaftler einig, die meisten Vogelspinnen nicht durch ihre Farbe oder Gestalt alleine unterschieden werden können. Sicherlich trifft dies nicht für Brachypelma smithi, Brachypelma emilia, Poecilotheria regalis, um nur einige zu nennen, zu. Es gibt jedoch bestimmt hunderte von Arten, die einfach braun oder schwarz gefärbt sind und dort fängt die Wissenschaft an. Ich erwähne diese Thema deshalb, weil ich immer wieder auf Treffen oder Börsen darauf angesprochen werde, ob ich nicht „kurz" diese Spinne bestimmen könne. Ich muß immer wieder betonen, daß in den meisten Fällen zur Bestimmung von Unterfamilie und Gattung zumindest eine Exuvie (Haut) eines adulten Weibchens und ein totes, in Alkohol eingelegtes Exemplar eines adulten Männchens vorhanden sein muß. Desweiteren sind Fundortangaben von großer Wichtigkeit, zumindest sollte man wissen, aus welchem Kontinent das Tier stammt. Falls dann alle diese Dinge vorliegen, sind ein Binokular, jede Menge Literatur und einige Stunden Zeit nötig, um der Sache auf den Grund zu gehen. Oftmals müssen verschiedene Wege beschritten werden, um ans Ziel zu kommen, sprich, es kann vorkommen, daß mehrere Bestimmungsschlüssel verwendet werden müssen, um erfolgreich zu sein. Selbst dann traut man sich in der Regel nur eine Aussage über die Gattung zu machen und kann dann den Fundort etwaig in Frage kommender Arten zur Diskussion stellen. Um jedoch die Arten exakt determinieren zu können, sind mindestens die Originalbeschreibung, besser noch der direkte Vergleich mit Typusmaterial notwendig. Also falls Sie auf der nächsten Börse jemanden kennenlernen, der mit einmal Hinschauen Vogelspinnen bestimmt, dürfen Sie ihn ruhig milde belächeln.

Die Anatomie von Vogelspinnen

Vogelspinnen unterscheiden sich zuerst grundsätzlich von den Webspinnen durch die Stellung Ihrer Cheliceren (Beißklauen). Bei labidognathen Spinnen bewegen sich die Chelizeren beim Zubeißen aufeinander zu, wobei bei den ortognathen Spinnen, dazu gehören die Vogelspinnen, die Chelizeren parallel nach hinten zubeißen. Ca. 90% der Spinnentiere sind labidognathe Spinnen. Dazu gehören u.a. die Krabbenspinnen, Kammspinnen und die Schwarzen Witwen, Wolfspinnen, Springspinnen, um nur einige zu nennen.

Der Körperbau der Vogelspinne gliedert sich grundsätzlich in folgende Hauptbestandteile auf: Das Prosoma (Vorderkörper) gebildet aus Carapax (Rückenschild), Sternum (Bauchplatte), Chelizeren und Giftklauen. Am Vorderkörper befinden sich die Pedipalpen (Taster), Mundwerkzeuge und die acht Laufbeine. Das Opisthosoma bildet den Hinterleib.

Carapax: Auf ihm sind an der Vorderseite die Augen angeordnet. Bei Vogelspinnen sind es bis auf sehr wenige Ausnahmen acht Augen, die zusammen auf einem sogenannten Augenhügel angeordnet sind. Man unterscheidet Vorderseitenaugen (VSA), Vordermittelaugen (VMA), Hintermittelaugen (HMA) und Hinterseitenaugen (HSA). Deren Größe und Zuordnung zueinander können zum Beispiel Bestimmungsmerkmale sein. Auf dem Carapax befindet sich die sogenannte Thoraxgrube, eine Vertiefung im Carapax. Dies ist die Ansatzstelle für die dorsalen Muskeln des darunterliegenden Saugmagens.

Sternum: Es entstand entwicklungsgeschichtlich gesehen durch die Verschmelzung von vier Teilstücken. In der Nähe der Mundöffnung oberhalb des Sternums befindet sich das Labium. Außerdem befinden sich auf dem Sternum sogenannten Sigillen, die ebenfalls zur Bestimmungsarbeit herangezogen werden können.

Chelizeren und Giftklauen: Als erstes Gliedmaßenpaar stehen am Prosoma die Chelizeren. Sie bestehen aus Grundglied und Klaue. Beide Teile können unabhängig voneinander bewegt werden. Noch teilweise im Grundglied ist die Giftdrüse enthalten. Beim Zubeißen werden beide Klauen herausgeklappt und ins Beutetier eingestoßen. Dabei wird gleichzeitig Gift injiziert. Das Grundglied ist außerdem mit Cuticulazähnen besetzt, welche beim Zerkleinern der Beute behilflich sind.

Pterinochilus murinus, Scopula Chelizerenaußenseite. Bei den Chelizeren handelt es sich um die Beißklauen der Vogelspinnen.

Pedipalpen und Mundwerkzeuge: Die Pedipalpen (Taster) sind die zweiten Gliedmaßen am Prosoma. Sie entsprechen ihrer Gliederung nach nahezu den Laufbeinen und werden auch zum Laufen einge-

Die Anatomie von Vogelspinnen

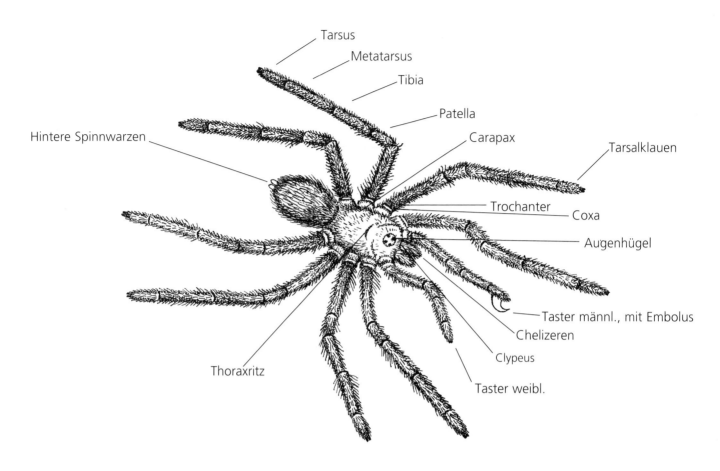

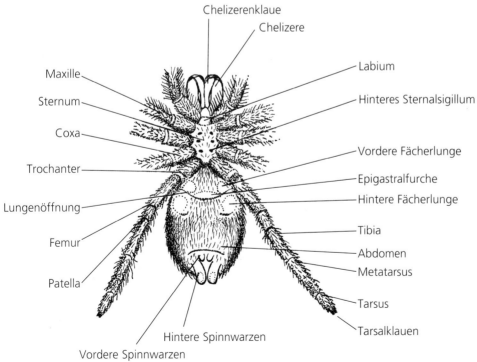

Fachwortregister

Abdomen:	Hinterleib
adult:	ausgewachsen
Bulbus:	Begattungsorgan des Männchens
Carapax:	Deckel des Kopf-Brust-Stückes
Cephalothorax:	Vorderkörper
Chelizeren:	Beißklauen mit Grundglied
Coxa:	1. Beinglied vom Körper an
Exuvie:	abgeworfene Haut
Femur:	3. Beinglied vom Körper an
Labium:	Unterlippe
Metatarsus:	6. Beinglied vom Körper an
Opisthosoma:	Hinterleib
Palpen:	Taster
Patella:	4. Beinglied vom Körper an
Prosoma:	Vorderkörper
Spermathek:	weibliche Samentaschen
Tarsus:	7. Beinglied vom Körper an
Tibia:	5. Beinglied vom Körper an
Trochanter:	2. Beinglied vom Körper an

setzt. Im Gegensatz zu den Beinen besitzen sie jedoch nur sechs Glieder. Bei den adulten (ausgewachsenen) Männchen ist das letzte Glied des Pedipalpus, der Palpentarsus, zum Begattungsapparat umgebildet. Die Mundöffnung wird seitlich von den Maxillen und nach hinten vom Labium begrenzt.

Laufbeine: Sie entspringen fächerförmig aus der weichhäutigen Verbindung zwischen Carapax und Sternum. Jedes Bein besitzt sieben Glieder, die hier vom Rumpf beginnend aufgezählt werden: Coxa, Trochanter, Femur, Patella, Tibia, Metatarsus, Tarsus. An der Spitze des Tarsus befinden sich zwei, oder gar drei Tarsalklauen, die meist gezähnt sind und eingezogen werden können. An den Beinen befinden sich eine Vielzahl von Sinneshaaren.

Grammostola spatulata, Stridulationsorgan. Mit dem Stridulationsorgan können Vogelspinnen zischende Geräusche erzeugen. Dieses Organ ist gleichzeitig auch ein Bestimmungsmerkmal.

Stridulationsorgan: Einige Vogelspinnenarten haben die Möglichkeit, durch Borsten und/oder Dornen, die an der Außen- oder Innenseite der Chelizerengrundglieder und/oder auf der Coxa, dem Trochanter des Tasters und/oder der ersten beiden Beine, selten auch an Bein 3 und 4 gelegen sind, zischende Geräusche zu erzeugen. Man nennt dies stridulieren. Das Stridulationsorgan ist ein Bestimmungsmerkmal. Die Anordnung kann von Art zu Art verschieden sein.

Opisthosoma: Der Hinterleib ist in eine dehnbare Hülle gekleidet, die Herz, Mitteldarm mit seinen Darmblindsäcken, Buchlungen und die primären und sekundären weiblichen bzw. primären männlichen Geschlechtsorgane beinhaltet. Desweiteren sind an ihm die Spinnwarzen befestigt.

Abfolge einer Häutung von Brachypelma boehmei mit Regeneration eines verlorenen Beines.

Die Häutung ist in drei Abschnitte aufgeteilt:
1. Aufklappen des Prosomas.
2. Befreien des Opisthosomas.
3. Herausziehen der Extremitäten.

Druck bewirkt das Einreißen der Cuticula. Dabei wird Spannung erzeugt und der Carapax wie ein Deckel hochgeklappt. Der Hinterkörper wird durch Risse, die vom Vorderkörper aus beginnen, befreit.
Nach der Häutung bleibt das Tier längere Zeit regungslos liegen, um sich von den Strapazen zu erholen.

Es dauert einige Tage bis da. Skelett der Spinne wieder har ist. In dieser Zeit läuft da. Wachstum ab.

Die Häutung

Vogelspinnen sind, wie alle Spinnen, in der Lage in regelmäßigen Abständen ihr Außenskelett zu erneuern. Diesen Vorgang nennt man Häutung. Er stellt einen schwierigen Lebensabschnitt für die Spinnen dar. Außerhalb der Häutungsphasen sind Prosoma und die Extremitäten von einer harten Schale, der sogenannten Exocuticula umgeben, die ein Wachstum nicht erlaubt. Dies kann nur in den wenigen Tagen nach der Häutung geschehen, wenn das Skelett noch weich und dehnbar ist.

In der Zeit zwischen den Häutungsphasen bildet sich unter dem eigentlichen Skelett die neu angelegte Cuticula, die dort noch zusammengefaltet ist.

Der eigentliche Häutungsvorgang kündigt sich in der Regel mit Nahrungsverweigerung und Zurückgezogenheit an. Bei Bombadierspinnen, die sich eine „Glatze" gescheuert haben, erkennt man eine anstehende Häutung besonders gut. Die Glatze färbt sich nämlich von der Hautfarbe ins Schwarze. Steht die Häutung kurz bevor, weben sich die meisten Arten einen kleinen Teppich und legen sich dann auf den Rücken, um in dieser Stellung die Häutung durchzuführen.

Die eigentliche Häutung ist in drei Phasen aufgeteilt: Aufklappen des Prosomas, Befreien des Opisthosomas, Herausziehen der Extremitäten.

Das Aufklappen des Vorderkörpers (Prosoma) beginnt mit der Steigerung der Herzfrequenz. Dadurch wird verstärkt Haemolymphe (Körperflüssigkeit) in den Vorderkörper gepumpt. Dabei erfährt der Vorderkörper eine Gewichtszunahme von bis zu 80%, während der Hinterkörper (Opisthosoma) dabei schrumpft.

Der so erzeugte Haemolymphedruck bewirkt das Einreißen der Cuticula. Zuerst geschieht dies vorne bzw. seitlich am Vorderkörper. Dabei werden die nach vorn gerichteten Chelizeren mehrmals nach oben bewegt, um zusätzliche Spannungen zu erzeugen. Schließlich wird der Carapax wie ein Deckel hochgeklappt.

Das Befreien des Hinterkörpers beginnt mit den beiden Rissen, die vom Vorderkörper auf den Hinterleib übergreifen. Die durch den Haemolympheverlust runzelig gewordene Haut des Hinterkörpers wird dann durch wellenförmige Kontraktionen der Hinterleibsmuskulatur abgestreift.

Während die eben beschriebene Phase des Befreiens des Hinterkörpers abläuft, werden gleichzeitig die Extremitäten befreit. Dies ist sicherlich der schwierigste Teil des Häutungsvorganges. Hier können am ehesten Komplikationen auftreten. Wenn ich einmal Tiere bei der Häutung verloren habe, dann fand ich sie immer in der Phase der Befreiung der Extremitäten. Durch den erhöhten Haemolyphdruck streckt sich die leicht gefaltete Beincuticula, wodurch die Beine etwas aus der Exuvie (Haut) hervorquellen. Bis zum Femur wird die Exuvie durch die Druckerhöhung herausgeschoben. Danach geschieht dies hauptsächlich durch Muskelkontraktionen im Vorderkörper. Dabei bilden mehrere Beine in Ruhe ein Widerlager, gegen das die anderen Beine aktiv herausgezogen werden. Nach der Häutung bleibt das Tier bis zu einer halben Stunde und mehr regungslos liegen, um sich von den Strapazen zu erholen. Nach dieser Ruhephase beginnt das Tier durch „gymnastische" Bewegungen die Beinfunktionen wieder herzustellen und stellt sich zu guter Letzt wieder auf die Beine. Die Spinne ist jetzt noch ganz weich und die Chelizeren sind weiß. Es wird einige Tage dauern, bis das Skelett der Spinne wieder völlig hart ist. In dieser Zeit erfolgt das Wachstum.

In äußerst seltenen Fällen kann es vorkommen, daß sich ein adultes Männchen ein weiteres mal

Die Häutung

häutet. Welche Faktoren eine solche Fehlhäutung einleiten, ist nicht bekannt. Oft kommt es vor, daß das Männchen eine zweite Häutung nicht überlebt. Glückt die zweite Häutung jedoch, so bleiben dem Männchen verkrüppelte Bulben zurück, die eine Paarung unmöglich machen.

Das Faszinierende an einer Häutung ist die Tatsache, daß hierbei viele wesentliche Bestandteile der Spinne erneuert werden. Wenn man sich eine solche Exuvie näher betrachtet so findet man außer dem kompletten Skelett auch die Augenlinsen, die Zähne, den Saugmagen, die Buchlungen und bei weiblichen Tieren die Geschlechtsorgane. Falls dem Tier vor der Häutung ein Bein oder eine Spinnwarze gefehlt hat, so werden nach der Häutung diese voll oder teilweise regeneriert sein. Die Regeneration von Beinen hängt auch von der Größe der Tiere ab. Bei ausgewachsenen Spinnen genügt eine Häutung meist nicht, um Beine in voller Größe wieder herzustellen. Oft sind dazu zwei bis drei Häutungen nötig. Bei Jungspinnen kann die vollständige Regeneration jedoch schon nach einer Häutung erfolgen.

Wie bereits im Kapitel „Das Futter" erwähnt, sollten sich während der Häutungsphase keine Futtertiere im Terrarium befinden. Diese stören das Tier nur, ja können dieses anfressen und ihm dabei grossen Schaden zufügen. Desweiteren sollte das Tier vor, während und nach der Häutung möglichst nicht gestört werden. Ich erinnere mich noch an aufgeregte Anrufer, die mich baten ihre „sterbende" Vogelspinne zu begutachten, die schon fast tot auf dem Rücken lag. Unwissende versuchen sicherlich das Tier immer wieder auf die Beine zu stellen, was die Spinne in den allermeisten Fällen nicht überlebt.

Es hat sich als vorteilhaft erwiesen, wenn vor der Häutung die Luftfeuchtigkeit im Terrarium erhöht wird. Diese Maßnahme scheint die Häutung zu vereinfachen.

Einige Tage nach der Häutung kann dann die Exuvie (Haut) aus dem Terrarium entfernt werden. Sie ist dann schon hart und zerbrechlich. Wenn das Geschlecht des Tieres noch nicht bekannt ist, kann die Haut Klarheit darüber verschaffen. Werfen sie die Exuvie also nicht gleich fort. Falls die Haut zu Dekorationszwecken aufbewahrt werden soll, kann diese über Wasserdampf wieder erweicht und auseinandergefaltet werden. Schön arrangiert sieht sie dann einer echten Spinne täuschend ähnlich.

Die Geschlechtsbestimmung

Die Geschlechtsbestimmung ist ein wichtiges Thema, vor allem, wenn beabsichtigt wird, die Vogelspinnen zu vermehren. Sollen die Geschlechter von ausgewachsenen Tieren unterschieden werden und liegen beide Geschlechter vor, so ist die Bestimmung relativ unproblematisch. Adulte Männchen unterscheiden sich von den Weibchen grundsätzlich dadurch, daß der Tarsus des Tasters zu einem Geschlechtsorgan umgewandelt ist. Dieser ist in der Regel eingeklappt und zwischen der Behaarung versteckt. Jedoch fehlt die komplette Scopula (feine Behaarung der Unterseite der Tarsen). Ebenso ist dieser Bereich verdickt. Die Männchen, einiger Arten, besitzen sogenannte Tibiaapophysen, also ein oder zwei hakenähnliche Fortsätze an der Tibia des ersten Beinpaares. Bei manchen Arten sind einige Männchen anders gefärbt, ja sogar anders gemustert, als das Weibchen. Man nennt dies Geschlechtsdimorphismus. Beispiele hierfür sind: Einige Arten der Gattung Poecilotheria und die Art Aphonopelma seemanni exemplarisch genannt. Das Männchen von Aphonopelma seemanni differiert im Aussehen so stark vom Weibchen, daß erst, nachdem subadulte Männchen in den Terrarien ihre Reifehäutung erlangt hatten, bekannt wurde, wie die Männchen dieser Art aussehen. Vorher wurden vorliegende adulte Männchen dieser Art irrtümlicherweise anderen Arten zugeordnet.

Nun kann es jedoch vorkommen, daß nicht bekannt ist, ob die Tiere, deren Geschlechter bestimmt werden sollen, bereits ausgewachsen sind. In diesem Fall sind andere Merkmale zu Rate zu ziehen. Hier gibt es zwei Möglichkeiten. Zum Einen die Untersuchung einer Exuvie, zum Anderen die Strukturen und Formen des Bereichs um die Epigastralfurche (Geschlechtsöffnung der Spinnen).

Die sicherste Methode ist die der Untersuchung

Das Tasterende mit Bulbus ist bei diesem adulten Männchen von Megaphobema mesomelas bei dieser Nahaufnahme deutlich zu sehen.

einer Haut. Handelt es sich um ein Weibchen, so muß sich in der jeweiligen Exuvie eine Spermathek oder receptacula seminis (Samentasche) befinden. Diese findet man, indem die Haut des Hinterkörpers der Exuvie aufgeweicht und auseinandergefaltet wird, so daß von oben auf die Innenseite der Haut geblickt werden kann. Als Orientierungspunkte fallen zunächst die 4 Lungen auf, die weiß sind und sich farblich von der braunen Haut des Hinterkörpers abheben. Falls es sich bei dem Tier um ein Weibchen handelt, befindet sich im Zentrum dieser vier Lungen, etwas in Richtung des Vorderkörpers verschoben, die Spermathek. Die Form der Spermathek kann je nach Gattung und Art unterschiedlich sein. Sie reicht von einem einfachen, plattgedrückten Hügel bis zu kompliziert ineinander verwundene oder sogar blumenkohlartige Gebilde. Wenn sich also eine Spermathek in der Exuvie befindet, so handelt es sich bei dem Tier um ein Weibchen. Die Spermathek ist auch schon bei Jungtieren ausgebildet.

Die Geschlechtsbestimmung

Jeweils Bulben von:

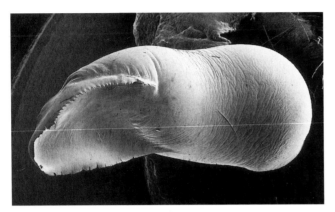

Theraphosa leblondi

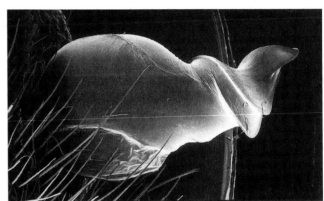

Poecilotheria fasciata

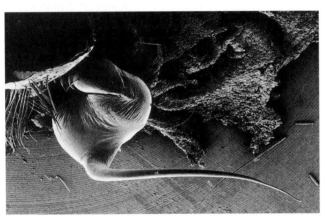

Avicularia minatrix

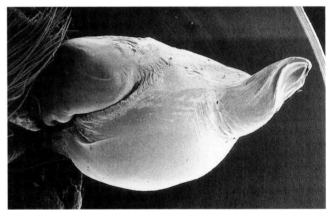

Brachypelma smithi

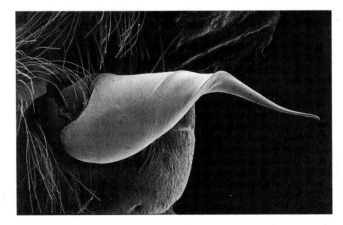

Grammostola argentinensis

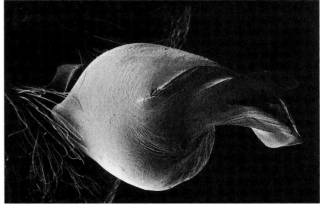

Cyclosternum fasciatum

Die Geschlechtsbestimmung

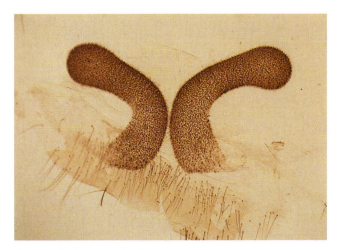

Spermathek von Avicularia avicularia

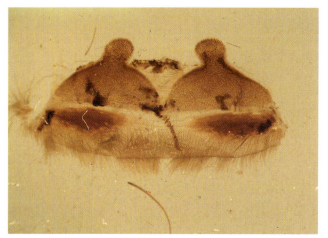

Spermathek von Aphonopelma seemanni

Spermathek von Citharischius crawshayi

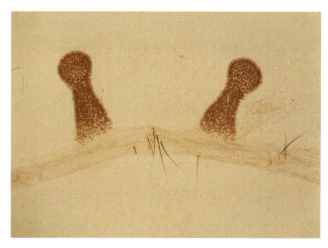

Spermathek von Grammostola spatulata

Spermathek von Brachypelma smithi

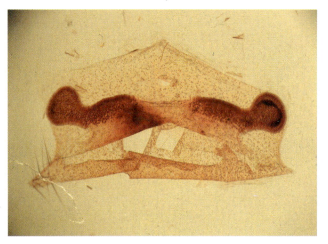

Spermathek von Paraphysa pulcherrimaklaasi

Die Geschlechtsbestimmung

Unterseite eines Weibchens von Acanthoscurria spec. aus Uruguay

Unterseite eines subadulten Männchens von Acanthoscurria spec. aus Uruguay

Unterseite eines Weibchens von Acanthoscurria spec. aus Uruguay

Unterseite eines subadulten Männchens von Acanthoscurria spec. aus Uruguay

Hier ist jedoch die Suche erschwert, da man sicherlich nicht ohne Binokular und feines Präparierbesteck auskommt. Es ist viel Fingerspitzengefühl und Geduld erforderlich und bei manchen Arten, wie zum Beispiel bei Arten der Gattung Poecilotheria, besteht die Spermathek nur aus einer dünnen Haut, welche manchmal mit der Haut des Hinterkörpers verklebt und somit leicht übersehen werden kann. In den meisten Fällen und besonders bei größeren Exemplaren führt diese Methode zum sicheren Erfolg.

Die andere Methode der Geschlechtsbestimmung besteht in der Beurteilung der Struktur und Form des Bereichs der Epigastralfurche von außen. Diese Methode ist einfach durchzuführen, da sie keinerlei Hilfsmittel oder Apparate bedarf. Ein gutes Auge genügt.

Vor der Geschlechtsöffnung des Weibchens sitzt die Epigyne, welche einen leicht aufgewölbten Bereich vor der eigentlichen Epigastralfurche bildet. Dieser aufgewölbte Bereich ist ersichtlich, wenn der Hinterkörper des Tieres von der Seite betrachtet wird. Desweiteren verlaufen auf der Unterseite des Hinterkörpers vom Übergang zum Vorderkörper zur Epigastralfurche hin zwei Linien. Die Erfahrung hat gezeigt, daß die Linien beim Weibchen ein Trapez bilden, beim Männchen jedoch nur ein normales Viereck. Beim Männchen befindet sich oft in diesem Viereck noch ein Punkt. Bei Avicularia minatix ist dieser Punkt charakteristisch.

Je größer die Tiere sind, bei der diese Methode der Geschlechtsbestimmung angewendet wird, desto höher sind die Chancen, daß die Bestimmung erfolgreich ist. Es kommt jedoch auch ab und zu vor, daß eine solche Bestimmung zum falschen Ergebnis führt. Gerade bei kleineren Arten oder auch bei subadulten Tieren der Gattung Avicularia sind die oben genannten Merkmale oftmals nur schwach ausgeprägt, beziehungsweise schlecht zu erkennen. Die sicherste Methode ist immer noch die, zu untersuchen, ob sich in der Exuvie eines Tieres eine Spermathek befindet oder nicht.

Paarung und Zucht

Wenn nun ein geschlechtsreifes Pärchen einer Art vorliegt, so wird es einem jeden Vogelspinnenhalter am Herzen liegen, die Art nachzuzüchten. Jede erfolgreiche Nachzucht macht eine Entnahme von Tieren aus der freien Natur überflüssig. So ist gewährleistet, daß auch noch in einigen Jahren diese Arten in unseren Terrarien gepflegt werden können, zumal der Import von Tieren aus vielen Ländern der Welt durch Ausfuhrverbote stark eingeschränkt wurde.

Die allermeisten Vogelspinnenarten lassen sich unter Beachtung einiger grundlegender Dinge ohne weiteres nachzüchten. Vor einer Paarung sollte sich jedoch jeder auch über die Folgen im klaren sein, falls die Nachzucht erfolgreich verläuft. Viele Arten sind nämlich sehr produktiv und bringen mehrere hundert Jungtiere zur Welt. Von Lasiodora parahybana ist bekannt, daß aus einem Kokon ca. 1.200 Jungtiere entschlüpften. Zwar ist die Freude über den reichen Nachwuchs im ersten Moment groß, die Ernüchterung folgt jedoch spätestens dann, wenn die Jungtiere versorgt werden müssen. Auch erweist sich der Absatz der Jungtiere auf Börsen oder an den Zoofachhandel recht schwierig, da für solche Mengen oft nicht die Abnehmer da sind. Nicht selten werden dann die Jungspinnen verfüttert oder zusammen gehalten, wobei dann durch Kanibalismus eine natürliche Dezimierung stattfindet. Es sollte sich daher jeder vor einer Paarung überlegen, ob nach einer eventuell erfolgreichen Nachzucht auch die nötige Zeit zum Versorgen vorhanden ist, beziehungsweise die notwendigen Futtermengen bereitgestellt werden können. Außerdem werden auch geeignete Behältnisse und genügend Platz benötigt, um diese aufzustellen.

Bevor eine Paarung stattfinden kann, sollten einige Faktoren berücksichtigt werden.

So sollte das Weibchen nicht kurz oder unmittelbar vor einer Häutung stehen. Zum Einen würde sich das Weibchen höchstwahrscheinlich nicht mit dem Männchen paaren und falls doch, würde die Paarung umsonst sein, da bei einer auf die Paarung folgenden Häutung auch die weiblichen Genitalien mitgehäutet werden und das sich darin befindliche Sperma in der alten Haut verbleiben würde. Deshalb sollte man nur Weibchen paaren, die relativ frisch gehäutet sind. Falls ein Weibchen vor der Häutung steht, ist diese abzuwarten. Eine Paarung kann dann ca. 6-8 Wochen nach der Häutung versucht werden.

Nach der Reifehäutung des Männchens muß erst der Bau des Spermanetzes abgewartet werden. Das Sperma des Männchens befindet sich im Hinterkörper und tritt dort an der Epigastralfurche aus. Das Sperma muß jedoch in die Bulben „geladen" werden, um eine Paarung durchzuführen. Dazu baut das Männchen aus Spinnfäden ein Spermanetz, das wie eine Hängematte an zwei Punkten befestigt wird. Um das Sperma daran zu befestigen, kriecht das Männchen unter das Netz. Danach steigt es darüber und saugt mit den Bulben das Sperma auf. Erst jetzt ist das Männchen in der Lage bei der Paarung das Sperma in die Samentaschen des Weibchens abzugeben. Um das Männchen beim Bau des Spermanetzes zu beobachten, bedarf es etwas Glück, da der Vorgang nur einige Stunden in Anspruch nimmt. Danach bleibt jedoch das abgerissene Netz, also der Rest der „Hängematte", am Boden liegen was den Hinweis gibt, daß sich nun das Sperma in den Bulben befindet. Es können ca. 6-10 Wochen nach der Reifehäutung vergehen, bis das Männchen seine Bulben zum ersten Mal „lädt". Nach einer erfolgreichen Paarung wiederholt sich dieser Vorgang in der Regel, da die entleerten Bulben wieder aufgefüllt werden müßen.

Paarung und Zucht

Liegen nun zwei paarungsbereite Spinnen vor, ist das Terrarium auszuwählen, in dem die Paarung stattfinden soll. Ist das Terrarium des Weibchens groß genug, so sollte die Paarung bevorzugt dort stattfinden. Als groß genug erachte ich, für eine mittelgroße Art, ein Terrarium mit der Grundfläche von 40 x 40 cm oder größer. Bei baumbewohnenden Arten sollte die Terrariumhöhe dann mindestens 40 cm betragen. Ein Terrarium in dieser Größe bietet dem Männchen die Möglichkeit sich dem Weibchen zu entziehen, falls dieses nicht zur Paarung bereit ist und ihm möglicherweise aggressiv begegnet. Die Paarung sollte meiner Meinung nach deshalb im Terrarium des Weibchens stattfinden, da dies den natürlichen Gegebenheiten am ehesten entspricht. In der freien Natur befindet sich das Weibchen stets in derselben Höhle. Reife Männchen gehen in der Paarungszeit auf Wanderschaft und besuchen die Weibchen in ihren Höhlen. Auch spinnen die Weibchen in der Umgebung der Behausung spezielle Fäden, die einem Männchen die Paarungsbereitschaft des Weibchens signalisieren.

Sollte das Terrarium des Weibchens zu klein für eine Paarung sein, so kann man sich ein Terrarium speziell zur Paarung anschaffen und einrichten. Dieses braucht nicht besonders eingerichtet werden, außer daß eine Höhle bei bodenbewohnenden Spinnen vorhanden sein sollte. Man setzt dann das Weibchen ein bis zwei Wochen vor der Paarung in das Terrarium um ihm Zeit zu geben, sich an die neue Umgebung zu gewöhnen und die Fäden mit dem Sexuallockstoff zu spinnen.

Sind die äußeren Bedingungen für eine Paarung gegeben, so kann das große Ereignis stattfinden. Wenn eine Art sich zum ersten Mal paart, ist im Voraus nicht bekannt, ob die Paarung friedlich verläuft. Daher sollte die Paarung mit einer langen Pinzette oder einem Holzstab beobachtet werden, um evtl. dem Männchen zur Hilfe eilen zu können, falls es vom Weibchen angegriffen wird.

Meiner Erfahrung nach hat die Tageszeit keinen Einfluß auf die Paarung, obwohl die Paarungen in der freien Natur überwiegend in der Nacht ablaufen. Dies liegt daran, daß sich die Männchen wie auch die Weibchen in der Regel am Tage nicht aus ihrer Höhle oder aus ihrem Versteck trauen, da sie dann eine leichte Beute für ihre Feinde darstellen.

Die Paarung beginnt mit dem Einsetzen des Männchens ins Terrarium des Weibchens, möglichst weit weg von dessen Höhle. Nun sind beide Tiere zu beobachten. In der Regel beginnt das Männchen, je nach Art, mit dem ganzen Körper zu zucken oder sogar zu zittern, beziehungsweise mit den Beinen oder Tastern zu trommeln. Diese Schwingungen nimmt das Weibchen auf und veranlassen es in der Regel dazu, aus der Höhle zu kommen und/oder ebenfalls mit den Tastern und ersten Laufbeinen auf den Untergrund zu trommeln. Diese Reaktion des Weibchens ist in der Regel ein gutes Zeichen und signalisiert Paarungsbereitschaft. Auf das Trommeln des Weibchens reagiert das Männchen meist ebenfalls wieder mit trommeln. Wenn das Männchen nahe genug am Weibchen ist, tastet es dieses meist zuerst vorsichtig und später immer heftiger an den Vorderbeinen ab. Damit soll das Weibchen weiter stimuliert und dazu gebracht werden, sich vorn aufzurichten. Dies ist notwendig, da das Männchen mit seinen Tastern an die Unterseite des Hinterkörpers des Weibchens gelangen muß. Um bei diesem Unterfangen nicht unnötig gefährdet zu sein, stemmt das Männchen das Weibchen mit seinem ersten Beinpaar hoch, indem er mit diesem zwischen die gespreizten Chelizeren des Weibchens fährt. Hat das Männchen Tibiaapophysen, so wer-

Abfolge einer Verpaarung von Pamphobeteus spec. aus Ecuador. Die Zucht von Vogelspinnen ist sicherlich für jeden Liebhaber ein großer Anreiz, denn sie beweist, daß man seine Tiere optimal hältert. Da der Absatz der Jungspinnen jedoch nicht immer einfach ist, ist vorher zu überlegen, ob eine Zucht auch sinnvoll erscheint.

Paarung und Zucht

den diese in den Chelizeren des Weibchens eingehakt. So ist das Männchen in der Lage das Weibchen hochzustemmen und hat es somit fest im Griff. Nun versucht das Männchen seine Bulben in der Epigastralfurche des Weibchens einzuhaken. Als Anzeichen für das erfolgreiche Einführen des Bulbus krümmt sich das Weibchen stark, da das Männchen den Hinterleib des Weibchens während der Samenabgabe an sich zieht. Je nach Art werden nur ein oder beide Bulben abwechselnd eingeführt. Wenn das Weibchen begattet ist, löst sich das Männchen aus der Umklammerung und läuft vom Weibchen weg.

Die eben beschriebene Version stellt einen optimalen Ablauf dar. Nun kann es jedoch zu verschiedenen Störungen kommen, die die Paarung verzögern oder gar unmöglich machen. Wenn das Weibchen nicht paarungsbereit ist, so wird es dem Männchen auch nicht auf seine Rüttelsignale antworten. Nähert sich das Männchen dem Weibchen, ohne daß dieses Paarungsbereitschaft signalisiert hat, so kann dies für das Männchen einen lebensbedrohlichen Zustand darstellen. Erkennt das Weibchen das Männchen nicht als Männchen, so wird es automatisch als Futter betrachtet und erbeutet. Da die Männchen zierlicher gebaut sind, haben sie in der Regel keine Chance sich dem Weibchen zur Wehr zu setzen. Als einziger Ausweg bleibt oft nur die Flucht. Es kann auch vorkommen, daß das Weibchen das Männchen unmittelbar nach der Paarung angreift. Hier sollte mit den anfangs erwähnten Hilfsmitteln eingegriffen werden, um dem Männchen zu Hilfe zu eilen.

Um sicher zu gehen, daß das Weibchen wirklich begattet ist, kann man abwarten, bis das Männchen ein neues Samennetz gebaut hat und eine erneute Paarung durchführen.

Megaphobema mesomelas, Männchen, Bein mit Tibiaapophyse. Männchen mit Tibiaapophysen können diese in den Chelizeren des Weibchens einhaken und sind somit in der Lage das Weibchen hochzustemmen und fester im Griff zu halten.

Einige Arten sind bei der Paarung sehr friedlich und können bei einem ausreichend großen Terrarium über einen längeren Zeitraum zusammen gehalten werden. Dieser kann sich bis auf mehrere Wochen erstrecken. Grundsätzlich gilt dies mehr für baumbewohnende als für bodenbewohnende Arten. Jedoch gibt es auch hier Unterschiede. So kann es bei Arten der Gattung Poecilotheria durchaus vorkommen, daß das Männchen nach einer oder mehreren Paarungen verzehrt wird. Dagegen kann man meinen Erfahrungen nach Arten der Gattungen Avicularia, Psalmopoeus, Tapinauchenius, Pachistopelma und Stromatoplema durchaus einige Wochen zusammen halten und danach das Männchen unbeschadet aus dem Terrarium entnehmen. Ich will hier jedoch keine Garantien übernehmen,

Paarung und Zucht

denn es kann auch hier in Ausnahmefällen dazu kommen, daß das Männchen dem Weibchen zum Opfer fällt, vor allem, wenn das Männchen schon älter ist.

Meine Erfahrungen haben gezeigt, daß unverpaarte Männchen wesentlich älter werden, als verpaarte Artgenossen. Wenn sich also ein Männchen frisch gehäutet hat und das Weibchen kurz vor der Häutung steht, sollte nichts überstürzt werden. In der Regel wird das Männchen alt genug, um einen günstigen Zeitpunkt der Paarung für beide Geschlechter abzuwarten. In Einzelfällen sind adulte Männchen bis zu 4 Jahren alt geworden.

Nach einer erfolgreichen Paarung wird sich das Weibchen in der ersten Zeit ganz normal verhalten. Es wird lediglich einen größeren Appetit haben und sich einen dicken Hinterkörper anfressen. Da die Spermien im Körper des Weibchens gespeichert sind, kann es einige Zeit dauern, bis es mit dem Kokonbau beginnt. Welche Faktoren einen Kokonbau im Terrarium auslösen, ist bis jetzt nicht exakt bekannt. In der freien Natur lösen meist klimatische Veränderungen der Jahreszeiten den Kokonbau aus. Aus diesem Grund findet man in den Herkunftsländern zu bestimmten Jahreszeiten überwiegend Weibchen mit Kokon. Im Terrarium kann man so einen Klimawechsel simulieren, falls das Weibchen auch nach längerer Zeit nicht bereit ist, einen Kokon zu bauen. Es ist jedoch etwas Geduld angebracht, da der Kokonbau auch noch nach einem Jahr oder länger nach der Begattung erfolgen kann.

Der Bau eines Kokons kündigt sich meist damit an, daß die Nahrung verweigert wird. Danach beginnt sich das Weibchen in seiner Höhle oder seinem Baumnest einzuspinnen. Falls es sich nicht um eine Bombadierspinne handelt, die ihre Behaarung am

Pamphobeteus platyomma mit Kokon. Der Bau eines Kokons kündigt sich meist mit einer Nahrungsverweigerung an. Das Weibchen zieht sich in sein Versteck zurück und spinnt sich dort ein.

Hinterkörper abgestreift hat, kann man in diesem Stadium nicht erkennen, ob sich das Tier häutet oder einen Kokon baut. Oft wird alles so dicht eingesponnen, daß der Einblick in das Innere des Nests verwehrt bleibt. Es kann jetzt nur noch abgewartet werden, denn wenn sich das Tier häutet, wird es nach einigen Tagen zum Vorschein kommen. Ist dies nicht der Fall, so kann davon ausgegangen werden, daß das Tier einen Kokon gebaut hat.

Der eigentliche Kokonbau beginnt damit, daß das Tier einen dichten, runden Teppich webt. Auf diesen werden dann die Eier abgelegt, die beim Verlassen des Körpers befruchtet werden. Danach rollt das Weibchen die Eier in dem zuvor gesponnen Teppich ein und umspinnt diesen nochmals, bis ein kugelförmiges Gebilde zustande kommt. Diesen Kokon bewacht das Weibchen in der Regel bis die Jungtiere schlüpfen. Wenn das Weibchen jedoch bemerkt, daß der Kokon nicht in Ordnung ist oder gar gestört wird kommt es vor, daß es diesen auffrißt oder ein-

Paarung und Zucht

Jungtiere von Pterinochilus spec. nach der zweiten Häutung im Kokon

fach beiseite legt. Manche Züchter sind auch der Meinung, daß man den Kokon dem Weibchen nach ca. 4-6 Wochen wegnehmen soll, da die Bewegungen, welche die schlüpfenden Jungtiere verursachen, das Muttertier ebenfalls zum Fressen des Kokons veranlassen können. Ich schließe mich dieser Meinung nicht an, da ich nicht glaube, daß die Bewegungen der Jungtiere dieses Auffressen veranlassen. Vielmehr sind meiner Meinung nach andere Faktoren ausschlaggebend, wie zum Beispiel das Unbefruchtet sein oder falsche äußere Bedingungen im Terrarium, die ohnehin zum Verlust des Kokons geführt hätten. Ich belasse ihn deshalb stets bis kurz vor dem Schlupf der Jungtiere bei der Mutter. Je nach äußeren Bedingungen und Art kann dies 7-12 Wochen dauern. Ein bevorstehender Schlupf kündigt sich dadurch an, daß das Muttertier damit beginnt, den Kokon aufzulockern, um den Jungen mehr Platz zu verschaffen. Der Kokon wird dadurch größer und flauschiger. Ich entnehme ihn in der Regel in dieser Phase. Nicht, weil ich befürchte, daß das Weibchen ihn fressen könnte. Vielmehr ist es wesentlich einfacher, wenn die Jungtiere in einer separaten Dose schlüpfen, als wenn sie einzeln aus dem Terrarium gefangen werden müßen. Allerdings muß man etwas Geburtshilfe leisten, wenn man dem Muttertier den Kokon wegnimmt. Diese besteht darin, mit einer feinen Schere vorsichtig einen Schlitz hineinzuschneiden, um den Jungtieren das Aussteigen zu ermöglichen.

Kokons, die ich der Mutter vor dem Schlüpfen wegnahm, bewahre ich in einer sauberen Heimchendose auf, deren Boden mit einem befeuchteten Küchenpapier ausgelegt ist. Am Besten stellt man die Dose an einen Ort, der ca. 25° C aufweist. Das Küchenpapier ist ständig feucht zu halten.

Die Aufzucht junger Vogelspinnen

Sind nun die Jungtiere, auch Spiderlinge genannt, geschlüpft, müssen diese einzeln in geeignete Behältnisse umgesetzt werden. Zwar dauert es in der Regel einige Wochen, bis der Kanibalismus einsetzt, jedoch sollte dieser Augenblick nicht abgewartet werden. Sehr kleine Nachzuchten von zum Beispiel Cyriocsmus elegans, einer hübschen Zwergvogelspinnenart, können in Kleinbildfilmdosen untergebracht werden. Die Jungtiere sind nur ca. 2-3 mm groß und finden darin genügend Platz. Etwas größere Nachzuchten von zum Beispiel Brachypelma emilia, die ca. 8 mm groß sind, können in sogenannte Drosophila-Gläser gesetzt werden. Diese Gläser sind klar und haben einen Schaumstoffpfropfen als Verschluß, der luftdurchlässig ist. Normalerweise werden darin Drosophila, also Essigfliegen, gezüchtet. Die Gläser gibt es in verschiedenen Größen und sie können über den Fachhandel bezogen werden. Für die größeren Exemplare an Jungspinnen, wie zum Beispiel Theraphosa leblondi oder Pamphobeteus fortis, können als erste Behausung Heimchendosen verwendet werden. Wachsen die Jungtiere, müßen natürlich auch die Behältnisse den Erfordernissen angeglichen werden. Sind die Jungtiere juvenil, d.h. halbwüchsig und für Heimchendosen zu groß geworden, so bietet der Fachhandel als Zwischenlösung, bis die Tiere in ihr später angestammtes Terrarium entlassen werden, sogenannte Plastik-Terrarien. Diese werden in verschiedenen Größen angeboten, haben einen klarsichtigen Korpus und einen gerippten Deckel mit einer Futterklappe, der luftdurchlässig ist. Für juvenile bis subadulte Spinnen haben sich vor allem die Größen I-III bewährt. Alle Größen darüberhinaus könnten schon als Terrarium für ausgewachsene Tiere angesehen werden.

Sind die Tiere nun richtig untergebracht, so ist in erster Linie zu beachten, daß ein Jungtier mehr Pfle-

Kunststoffterrarium zur Aufzucht von Jungspinnen. Diese kleineren Kunststoffterrarien bieten ausreichend Platz, um junge Vogelspinnen erfolgreich aufzuziehen. Reinigung und Pflege in einem solchen Kunststoffterrarium sind sehr einfach.

ge benötigt als eine ausgewachsene Spinne. Dies gilt insbesondere für die Feuchtigkeit, die im Behältnis immer vorhanden sein sollte. Die Temperatur darf 28° C nicht überschreiten. Schon eine kurze Phase des Austrocknens kann den Tod des Jungtieres herbeiführen. Bei der Fütterung ist darauf zu achten, daß die Größe des Futtertieres dem Spiderling angemessen ist. Zwar kommt es oft vor, daß Jungspinnen auch Futtertiere erbeuten, die größer sind als sie selbst, jedoch sollten in der Regel nur maximal gleichgroße Heimchen oder Grillen angeboten werden. Einige Jungspinnen nehmen vor zu großem Futter reißaus und erbeuten nur Tiere, die kleiner sind als sie selbst. Günstigstenfalls sollte die Reaktion des Spiderlings auf die Futtergabe beobachtet werden. Ist das Futtertier gleich groß oder größer als die Spinne, und sollte die Spinne das Futtertier nicht binnen weniger Stunden erbeutet haben, so ist das Futtertier wieder zu entfernen und durch ein Kleineres zu ersetzen. In Ausnahmefällen kommt es nämlich vor, daß das Futtertier sich an der Spinne vergreift. Dies kommt vor allem dann vor, wenn es wesentlich größer als die Spinne ist.

Es kann davon ausgegangen werden, daß das Wachstum des Jungtieres umso größer ist, je besser die Bedingungen sind, unter denen es gehalten wird. Das heißt, wenn Wärme, Feuchtigkeit und Futterangebot reichlich vorhanden sind, wird der Spiderling gut gedeihen und einige Arten, wie zum Beispiel Psalmopoeus cambridgei, können in einem Jahr zum ausgewachsenen Tier herangezogen werden. Allerdings haben die Erfahrungen gezeigt, daß nicht alle Tiere aus demselben Kokon bei denselben Bedingungen auch gleichschnell wachsen. Es sind immer ein paar Tiere darunter, die wesentlich größer sind als ihre Geschwister. Wie sich dann meist später herausstellt, handelt es sich oft bei zuerst ausgewachsenen Tieren um Männchen. Warum dies so ist, ist nicht bekannt. Problematisch wird es jedoch dann, wenn sich nur Jungtiere aus demselben Kokon im Besitz befinden und die Art nachgezüchtet werden soll. Wenn dann die Männchen schon ausgewachsen sind benötigen die Weibchen oft noch Monate oder länger bis zum Adultstadium. Um diesem Notstand aus dem Weg zu gehen, wird schon in frühem Stadium versucht, die Geschlechter zu bestimmen. Sind dann die Männchen separiert, können diese in etwas kühleren Räumlichkeiten und mit einem geringeren Futterangebot aufgezogen werden. Dadurch wird erreicht, daß beide Geschlechter etwa zum gleichen Zeitpunkt ausgewachsen sein werden.

Ich erlebe es immer wieder, daß Halter vor der Anschaffung von Spiderlingen aus Angst vor Verlusten davor zurückschrecken. Dies ist jedoch in den allermeisten Fällen unbegründet. Wenn die oben genannten Maßnahmen beachtet werden, kann in der Regel nichts passieren. Daß bei Jungtieren jedoch größere Ausfälle zu beklagen sind, als mit ausgewachsenen Tieren ist richtig. Wenn mir von großen Ausfällen bei der Aufzucht von Spiderlingen berichtet wird, habe ich oft das Gefühl, daß sich der Halter zu viel um die Tiere kümmert. Das hört sich im ersten Moment paradox an, bei weiterer Betrachtung fällt jedoch auf, daß meiner Meinung nach auch diese Tiere unter Streß leiden können. Wenn nun jeden Tag den Jungspinnen Futter gereicht und der Feuchtigkeitsgehalt kontrolliert wird, bedeutet dies für die Tiere täglich Streß. Ich zumindest habe einen festen 14-tägigen Rhythmus, den ich beim Versorgen meiner Jungtiere einhalte. Zwar wachsen dann die Jungtiere nicht ganz so schnell, als wenn fast täglich gefüttert wird, allerdings ist auch der Stoffwechsel dadurch nicht so hoch, was sich dann später auf die Lebenserwartung auswirkt.

Ich kann nur jedem raten, der vor der Wahl steht, einen Wildfang oder eine Nachzucht zu erwerben, sich für die Nachzucht zu entscheiden. Nachzuchten sind in der Regel gesünder als Wildfänge. Jungtiere können billiger erworben werden und der Halter hat dabei noch die Freude, ihnen beim Wachsen zuschauen zu dürfen. Ein weiterer wichtiger Aspekt ist, daß durch Nachzuchten die Entnahme von Tieren aus der Natur unnötig wird.

Krankheiten und Verletzungen

Krankheiten und Verletzungen von Vogelspinnen sind ein sehr schwieriges Thema, da es weder Erfahrungen oder gar sichere Diagnosen noch Therapien gibt. Oft verweigern die Tiere einfach die Nahrung und verenden nach geraumer Zeit ohne erkennbaren Grund. Verletzungen hingegen können eher behandelt werden und ab und zu kann ein Sterben des Tieres verhindert werden.

Eines der wenigen Krankheitsbilder, die von außen erkennbar sind, sind Beulen oder Verfärbungen, beziehungsweise schürfähnliche Veränderungen der Haut des Hinterkörpers. Verfärbungen können nur bei Bombadierspinnen mit abgescheuerten Haaren erkannt werden. Beulen, die sich am Hinterkörper bilden, sind deutlich zu erkennen. Meiner Erfahrung nach kann allerdings nichts dagegen unternommen werden. Es kann auch sein, daß sich der Zustand einige Häutungen später bessert. Zumindest kenne ich keine Therapie. Ich habe jedoch schon einige Tiere besessen, bei denen sich Beulen am Hinterkörper wieder zurückgebildet haben.

Bei Verletzungen kann schon mehr getan werden. So kann es zum Beispiel vorkommen, daß sich ein Tier bei einem Sturz ein Bein bricht. Aus der Bruchstelle fließt dann Haemolymphe aus. Wenn nichts dagegen unternommen wird, bricht das Teil entweder unkontrolliert ab oder wächst womöglich wieder krumm an. Es ist daher ratsam, einen Teil des Beines zu amputieren. Die beste Stelle dazu ist das nächste Beinsegment vom Bruch an zum Körper hin. An dieser Stelle sollte dann das Bein mit einem Skalpell oder einer scharfen Schere im Segmentübergang durchtrennt werden. Dies ist bestimmt nicht jedermanns Sache, aber es begünstigt den Krankheitsverlauf. Ein sauberer abgetrennter Bruch verringert auch eventuell auftretende Komplikationen bei der nächsten Häutung. Nach dem Abtrennen sollte die offene Wunde mit etwas Sprühverband behandelt werden. Das restliche Tier sollte jedoch vorher abgedeckt werden, damit es nicht ganz verklebt. Es kann dazu in ein Stück Karton ein kleines Loch geschnitten werden, durch welches die Wunde in gewissem Abstand besprüht wird. Falls das Tier nicht stillhalten sollte, so verfahren sie bitte, wie im Kapitel „Handhabung von Vogelspinnen" beschrieben.

Weitaus schwieriger ist eine Verletzung des Hinterkörpers zu heilen. Zwar wird hier auch die Methode Sprühverband oder Vaseline angewendet, um den Ausfluß der Haemolymphe zu stoppen, jedoch sind die Heilungschancen weit geringer. Ist der Riß im Hinterleib groß, so würde ich, um ein weiteres Leiden des Tieres zu verhindern, die Spinne ins Gefrierfach legen. Dies ist sicher die beste Methode, das Leiden zu beenden. Kleinere Riße können wie oben genannt behandelt werden, wobei ein Erfolg recht ungewiß ist. Schließlich kann sich das Tier dabei auch andere innere Verletzungen zugefügt haben. Es kann deshalb nur immer wieder an die Halter appelliert werden, die Tiere nicht unnötig aus ihren Behältnissen zu entnehmen. Gerade bodenbewohnende Arten sind besonders gefährdet, da sie sich schon bei einem Sturz aus geringer Höhe lebensgefährliche Verletzungen zuziehen können.

Weitere Verletzungen, wie zum Beispiel Beschädigungen des Vorderkörpers, Verletzungen oder Verlust der Chelizeren etc. können ebenfalls nur dadurch behandelt werden, daß man die Blutung stoppt. Wir müßen leider noch den Rest der Natur überlassen.

Verendende Vogelspinnen ziehen in der Regel die Beine unter dem Körper zusammen. Wenn man tote Tiere findet, so liegen sie meist in dieser Stel-

Krankheiten und Verletzungen

lung da. Sollten Sie also ein Tier so vorfinden ist höchste Aufmerksamkeit gefordert. Falls das Terrarium aus irgend einem Grund ausgetrocknet ist, kann es helfen, wenn Sie das Tier in eine gefüllte Wasserschale legen. So kann es Wasser aufnehmen und wird sich, falls dies der Grund war, bald wieder wohlfühlen. Oft sind es falsche Haltungsbedingungen, die unbewußt geboten werden, die zu großen Verlusten führen können. So wurden lange Zeit Tiere der Gattung Eucratoscelus viel zu trocken gehalten. Man könnte ja meinen, daß Tiere aus Zentralafrika keine besonders feuchten Lebensräume bewohnen. Tatsache allerdings ist, daß die Höhlen der Tiere sehr tief gegraben sind, und das Erdreich in einer gewissen Tiefe sehr feucht ist. Nach einigen Versuchen stellte sich heraus, daß man Eucratoscelus am Besten in einem großen, 3/4 mit feuchter Erde gefülltem Einmachglas hält, dessen Deckel immer aufgelegt ist. Zwar ist die Lüftung nur sehr schwach, allerdings kann auch kaum Luftfeuchtigkeit entweichen. Das Klima scheint dem des Natürlichen zu entsprechen, da mit dieser Haltung die Ausfälle deutlich abnahmen. Übrigens lassen sich so viele asiatische bodenbewohnende Arten bestens halten.

Reizhaare

Ein nicht unwichtiges Thema stellen die Reizhaare dar, die einige Vogelspinnen als Abwehrmechanismus besitzen. Schon mancher Terrarianer mußte sich von seinen Tieren trennen, da er große Probleme mit den Reizhaaren bekam. Mir persönlich ist ein Fall bekannt, bei dem ein Halter beim Kontakt mit Reizhaaren von Tieren der Gattung Avicularia Hautausschläge, Erstickungsanfälle und Schwellungen bis zu Deformationen von Körperpartien erlitt. Dabei genügte schon das Öffnen des Terrariums, wobei einige Reizhaare durch die Luft gewirbelt wurden.

Vogelspinnen haben diese Reiz- oder auch Brennhaare zur Abwehr von Feinden. Die bodenbewohnenden Arten drehen sich bei Gefahr in ihrer Höhle um und schleudern einem Eindringling eine Wolke aus Reizhaaren entgegen. Ein Nager, der zum Beispiel eine solche Erfahrung gemacht hat, wird nicht so schnell wieder auf die Idee kommen, eine Vogelspinne zu belästigen.

Baumbewohnende Arten kleiden ihre Wohngespinste mit den Reizhaaren aus und halten sich so Feinde vom Leib. Deshalb sollte man es vermeiden, das Wohngespinst von baumbewohnenden Arten mit den bloßen Fingern anzufassen. Ein paar Gummihandschuhe schützen hier sehr gut.

Wenn Reizhaare unter dem Mikroskop betrachtet werden, so sind Wiederhaken zu erkennen, die ein rasches Entfernen der Brennhaare aus der Haut erschweren. Oft genügt ein einfaches Händewaschen nach einer Attacke nicht, um den Juckreiz loszuwerden. Vor allem weiche Hautpartien, wie zum Beispiel zwischen den Fingern, sind besonders empfindlich. Aber auch Schleimhäute können dadurch anschwellen. Im Grunde reagiert jeder Mensch anders auf Reizhaare. Glücklicherweise beschränkt sich bei den meisten Haltern die Körperreaktion auf den Juckreiz.

Pamphobeteus antinous, mit „Glatze". Diese Abwehrreaktion kann beim Pfleger zu unangenehmem Juckreiz führen.

Wie gesagt besitzen nicht alle Vogelspinnenarten Reizhaare. So sind es hauptsächlich die neuweltlichen Arten aus Süd- und Mittelamerika, welche mit diesem Verhalten ihre Feinde vertreiben. Einige Gattungen, deren Arten mit Reizhaaren ausgestattet sind und auch gerne in unseren Terrarien gehalten werden sind: Brachypelma, Pamphobeteus, Theraphosa, Pseudotheraphosa, Sericopelma, Lasiodora, Grammostola, Phormictopus und auch Avicularia. Ob eine Art zu den Bombadierspinnen gehört, läßt sich leicht feststellen. Das Tier muß nur ein wenig geärgert werden. Fängt es an, mit den Hinterbeinen auf dem Hinterkörper zu scheuern, ist es ein sicherer Beweis dafür, daß es sich um eine Bombadierspinne handelt.

Die Giftigkeit von Vogelspinnen

Über die Giftigkeit von Vogelspinnen wurde schon viel Falsches berichtet. Leider wird immer wieder, vor allem in der Sensationspresse, berichtet, daß Vogelspinnen Menschen durch ihr tödliches Gift umgebracht haben. Oft wird dann noch davon gesprochen, daß diejenigen Personen „gestochen" worden seien, woran man sofort die Inkompetenz der Autoren erkennt. Die Wahrheit ist, daß bis zum heutigen Zeitpunkt keine Vogelspinne bekannt ist, deren Biß bei einem erwachsenen, gesunden Menschen zum Tode führen kann. Sicherlich gibt es Spinnen, deren Biß beim Menschen zum Tode führen können. Dazu zählt zum Beispiel die Schwarze Witwe oder Kammspinnen. Vogelspinnen gehören jedoch nicht dazu.

Tatsache ist, daß das Gift der Vogelspinnen auf Warmblüter nur schwach wirkt. Bei Reptilien zum Beispiel ist die Giftwirkung wesentlich stärker. Das Vogelspinnengift besteht aus verschiedenen Polypeptiden und wirkt wahrscheinlich neurotoxisch.

Ich selbst wurde noch nie von einer Vogelspinne gebissen, jedoch kam dies in meinem Bekanntenkreis schon vor. In einem Fall wurde ein 23jähriger von einer Brachypelma vagans in die Kuppe des rechten Zeigefingers gebissen. Die Giftwirkung war so gering, daß der Gebissene ohne Beeinträchtigungen seinen normalen Tagesablauf beenden konnte. In einem weiteren Fall wurde derselbe beim Fotografieren einer Hysterocrates hercules von dem Tier in den Spann des rechten Fußes gebissen. Hier trat eine örtliche Hautrötung auf, ein Kribbeln im betroffenen Fuß setzte ein und später traten leichte krampfartige Lähmungserscheinungen im rechten Bein ein. Die Beschwerden hielten einige Tage an.

Die Erfahrungen haben gezeigt, daß asiatische und afrikanische Vogelspinnenarten „giftiger" sind als neuweltliche Arten. So ist bekannt, daß Bisse von Poecilotheria spec. oder Pterinochilus spec. zu starken Hautrötungen und auch zu Lähmungserscheinungen führen können. Die Körperreaktionen auf einen Vogelspinnenbiß hängen jedoch auch von jedem Einzelnen ab. Falls der Gebissene gegen Vogelspinnengift allergisch ist, können ernsthafte Beschwerden auftreten.

Grundsätzlich sollte man mit Vogelspinnen so hantieren, daß das Tier gar nicht die Möglichkeit zu einem Biß bekommt. Sollte es dennoch einmal dazu kommen, so ist in erster Linie Ruhe zu bewahren. In der Regel wird die Wunde schmerzen, was meist schon an der mechanischen Einwirkung der Chelizeren liegt. Sollte der Kreislauf stabil bleiben und sollten auch sonst keine Beschwerden auftreten, so genügt es in der Regel, die Wunde zu desinfizieren und ggf. eine Tetanus-Impfung durchzuführen. Sollten dennoch Probleme auftreten, ist ein Arzt aufzusuchen, der in der Regel symptomatisch behandelt. Seren gibt es zur Behandlung von Vogelspinnenbißen nicht, da sie nicht notwendig sind.

Zwischenzeitlich wurden auch die Vogelspinnengifte von der Pharmaindustrie entdeckt und eingesetzt. In Australien zum Beispiel werden die Gifte zur Herstellung von Schlaftabletten verwendet. Diese Schlaftabletten haben den Vorteil, daß ihre Wirkung nicht nachläßt, sprich, daß auch nach längerer Einnahme keine höhere Dosierung notwendig ist. Derartige Arzneimittel sind in Deutschland jedoch nicht zugelassen. Mittlerweile beschäftigen sich einige Wissenschaftler mit dem Thema der Vogelspinnengifte. So wurden Apparaturen entwickelt, um Vogelspinnen zu „melken", was man bislang nur von Schlangen kannte. Das gewonnene Gift dient in erster Linie der Analysierung, da die Zusammensetzungen des Giftes der meisten Vogelspinnenarten noch unbekannt sind.

Einige oft gehaltene Vogelspinnenarten

Im folgenden Teil möchte ich etliche Vogelspinnen in Wort und Bild vorstellen, die bereits in unsere Terrarien Einzug gehalten haben. Dabei soll auch auf Besonderheiten hingewiesen werden, die die jeweilige Art betreffen. Die Aufzählung erfolgt in alphabetischer Reihenfolge.

Acanthoscurria antillensis Pocock 1903
Herkunft: Kleine Antillen
Bodenbewohnende Art

Die Art erreicht eine Körpergröße von ca. 6 cm. Die Grundfärbung des Tieres ist braun mit einem kupfermetallischem Schimmer auf dem Vorderkörper und den Beinen. Die Grundfläche des Terrariums sollte ca. 30 x 30 cm betragen. Ein hoher Bodengrund ist von Vorteil, da die Art gerne und stark gräbt. *A. antilliensis* läßt sich gut paaren und als Resultat kommen dann ca. 300-400 Jungtiere zur Welt. Sie ist als leicht aggressiv einzustufen. Vor der Häutung sind die Tiere hellbraun gefärbt, wogegen sie nach der Häutung eine dunkelbraune Färbung besitzen.

Acanthoscurria antillensis, Weibchen.

*Acanthoscurria antillensis, Männchen
Diese Spinnenart kann leicht aggressiv sein und neigt dazu stark im Terrarium zu graben.*

Aphonopelma chalcodes, Chamberlin 1939
Herkunft: USA, Mexico
Bodenbewohnende Art

Aphonopelma chalcodes erreicht eine Körperlänge von ca. 6-7 cm. Tiere dieser Art sind am Vorderkörper und den Beinen hellbeige und am Hinterkörper braun gefärbt. Ein Terrarium für diese Art sollte eine Grundfläche von 30x30 cm aufweisen. An die Haltung stellt die Art keine besonderen Ansprüche, wobei sich ein nicht zu feuchtes Klima bewährt hat. Über die Paarung liegen mir keine Daten vor, jedoch wurde die Art schon nachgezüchtet. Die Tiere haben in der Regel ein ruhiges Wesen und vor allem ausgewachsene Tiere sind sehr begehrt, da sie selten angeboten werden.

Aphonopelma chalcodes, Weibchen. Das Terrarium für diese Art sollte eine Mindestgrundfläche von 30 x 30 cm besitzen. Diese Art ist sehr begehrt, wird aber nur selten im Handel angeboten.

Aphonopelma seemani, Weibchen. In der Färbung gibt es verschiedene Varianten die von hellbraun bis graublau reichen können. Diese Art ist anspruchslos, aber schwierig nachzuzüchten. Für die Zucht eignen sich sehr gut Wildfangweibchen.

Aphonopelma seemani, F. Cambridge 1897
Herkunft: Costa Rica bis Texas, Californien
Bodenbewohnende Art

Die Körperlänge dieser Art erreicht in der Regel einen Wert von 6 cm. Bei der Färbung gibt es einige Varianten. Einige Tiere sind in der Grundfärbung fast hellbraun, andere wiederum bleigrau mit teilweise fast bläulichem Schimmer. Auch die Streifen auf den Patellen sind dann unterschiedlich intensiv gefärbt. Die Art sollte in einem Terrarium mit der Grundfläche von 30x30 cm unterkommen. An die Haltung stellen die Tiere keine besonderen Ansprüche. Die Paarung der Art scheint recht schwierig zu sein, da die Männchen fast immer sehr nervös sind und bei der kleinsten Bewegung des Weibchens schon die Flucht ergreifen. Es sind auch nur sehr wenige Nachzuchten bekannt, die aus einer Paarung im Terrarium resultierten. Die meisten Nachzuchten kamen aus Wildfangweib-chen hervor. Es besteht bei dieser Art ein Geschlechtsdimorphismus d.h., die adulten Männchen verlieren nach der Reifehäutung die für die Art typische Zeichnung und Färbung und sind danach einheitlich dunkelbraun gefärbt.

Avicularia metallica, Ausserer 1875
Herkunft: Surinam bis Nordbrasilien
Baumbewohnende Art

Die Art erreicht eine Körpergröße von ca. 5-6 cm. Sie ist schwarz gefärbt und kann an den Beinen leicht rote oder beigefarbene Haare aufweisen. Vor allem der Vorderkörper weist einen metallisch blauen Schimmer auf, wovon das Tier seinen Namen hat. Das Terrarium sollte eine Grundfläche von ca. 25x25 cm und eine Höhe von 30 cm aufweisen. Die Haltung ist recht unkompliziert. Der Bodengrund ist immer feucht zu halten. Das Terrarium ist 2 x wöchentlich zu besprühen. Die Art wurde schon häufig nachgezüchtet. Trotzdem sind vor allem ausgewachsene Tiere auch wegen ihres ruhigen Wesens sehr gefragt. Sie sind recht gute Kletterer und tasten beim Laufen mit den Vorderbeinen ständig die Umgebung ab. Ein Kokon enthält in der Regel zwischen 70 und 150 Jungtiere. Die Paarung verläuft in der Regel unkompliziert. Da gut genährte Weibchen sich dem Männchen gegenüber normalerweise nicht aggressiv verhalten, kann das Männchen getrost einige Wochen beim Weibchen im Terrarium verbringen. Oft werden dieselben Tiere im Handel auch unter Avicularia avicularia angeboten.

Avicularia metallica, Weibchen. Der metallisch blaue Schimmer gab dieser Vogelspinne den Namen. Diese Art ist wegen ihres ruhigen Wesens gerade bei Anfängern sehr gefragt.

Avicularia minatrix, Pocock 1903
Herkunft: Venezuela
Baumbewohnende Art

Hier handelt es sich um einen kleineren Vertreter innerhalb der Gattung Avicularia. Ein Weibchen erreicht in der Regel eine Körperlänge von ca. 3-4 cm. Das Tier ist rosa und braun gefärbt und behält auch im ausgewachsenen Stadium die gestreifte Zeichnung am Hinterkörper bei, die es auch im Jugendstadium trägt. Da die Tiere nicht so groß sind, genügt ihnen ein Terrarium mit den Maßen 20 x 20 x 25 cm (LxBxH). Als Einrichtungsgegenstände sollten Korkröhren mit kleinem Durchmesser nicht fehlen, da die Tiere in freier Wildbahn mit Vorliebe in hohlen Bäumen oder Ästen, sowie in Bromeliengewächsen hausen. Eine zu feuchte Haltung ist zu vermeiden. Es genügt hier vollkommen, wenn der Bodengrund feucht gehalten wird. Auch diese Art konnte schon mehrmals nachgezüchtet werden, und auch die Aufzucht der Jungtiere bereitet in der Regel keine Probleme. Leider finden sich in den Kokons oft nur ca. 30-40 Jungtiere. Die Tiere haben ein absolut ruhiges Wesen. Als Besonderheit sei zu erwähnen, daß anscheinend die Art bei genügendem Platz- und Futterangebot zu mehreren in einem Terrarium gehalten werden kann, wie mir berichtet wurde. Ich selbst habe dies jedoch nie ausprobiert.

Avicularia minatrix, Weibchen. Diese Art wird nur 3 - 4 cm groß und läßt sich deshalb gut in einem kleineren Terrarium unterbringen.

Avicularia purpurea, Weibchen. Diese Art liebt feuchten Bodengrund, und deshalb muß das Terrarium mindestens zweimal wöchentlich besprüht werden. Sie leben in freier Wildbahn in Baumspalten, Baumrinde und Astlöchern.

Avicularia purpurea, Kirk 1990
Herkunft: Ecuador
Baumbewohnende Art

Diese Art erreicht ungefähr die gleiche Körpergröße wie *Avicularia metallica*, nämlich ca. 5 cm. Sie hat ebenfalls eine schwarze Grundfärbung, jedoch schimmern die Tiere auf den Beinen und dem Vorderkörper tief lila, wovon sie auch ihren Namen haben. Die Terrariengröße sollte auch hier ca. 25x25x30 cm (LxBxH) betragen. Der Bodengrund ist feucht zu halten und das Terrarium 2x wöchentlich zu besprühen. Das Terrarium sollte eine gute Lüftung besitzen. Die Tiere kommen in freier Natur vor allem in Baumspalten und Astlöchern vor. Diese Bedingungen kann man gut mit Korkrindenstücken im Terrarium anbieten. Auch bei dieser Art ist die Paarung unproblematisch und ein Männchen kann längere Zeit mit einem Weibchen gehalten werden. Ein Kokon enthält in der Regel zwischen 70 und 120 Jungtiere, die im Gegensatz zu den meisten anderen Aviculariaarten schwarz-weiß gezeichnet sind. Zwar haben Tiere dieser Art in der Regel ebenfalls ein gutes Wesen, können jedoch, wenn man sie längere Zeit ärgert, auch aggressiv werden.

***Avicularia versicolor*, (Walckenaer) 1837.**
Herkunft: Martinique, Guadeloupe
Baumbewohnende Art

Auch diese Art erreicht eine Körpergröße von ca. 5-6 cm. Sie ist wahrscheinlich eine der schönsten Vertreter der Gattung Avicularia. Als Jungtier ist sie stahlblau mit einem gestreiften Hinterkörper. Ausgewachsen ist der Vorderkörper der Tiere ebenfalls stahlblau, wobei jedoch die Beine und der Hinterkörper braun-rosa gefärbt sind. Die Terrariengröße sollte bei dieser Art 25x25x30 cm (LxBxH) betragen. Die Haltung ist einfach; auch hier genügt es, den Bodengrund feucht zu halten. Bei der Paarung dieser Art sollte man allerding etwas vorsichtiger umgehen, da die übliche Methode, das Männchen für längere Zeit zum Weibchen zu setzen, oft damit endet, daß das Männchen vom Weibchen aufgefressen wird. Dies muß zwar nicht heißen, daß es nicht zu einer Paarung kommt, jedoch steht das Männchen dann natürlich nicht mehr für weitere Paarungsversuche zur Verfügung. Ich rate deshalb bei dieser Art an, das Männchen nach der Paarung wieder in sein eigenes Terrarium zu setzen. In einem Kokon dieser Art befinden sich normalerweise ca. 80-160 Jungtiere, die leicht aufzuziehen sind. *A. versicolor* hat ein ruhiges Wesen und ist normalerweise nicht aggressiv.

Avicularia versicolor, Weibchen

Avicularia versicolor. Hier handelt es sich um eine der schönsten Arten der Gattung Avicularia. Sie läßt sich sehr einfach halten, wenn darauf geachtet wird, daß der Bodengrund feucht ist. Zweimal wöchentlich sollte das Terrarium besprüht werden.

Avicularia versicolor

Avicularia versicolor, Jungtier (unten). Diese Vogelspinnenart hat ein ruhiges Wesen und ist nicht aggressiv. Allerdings ist vor und während der Paarung Vorsicht angeraten, da die Weibchen gerne dazu neigen das Männchen aufzufressen. Das Männchen ist nach der Paarung schnell wieder in sein eigenes Terrarium umzusetzen. Auf diesen Aufnahmen können Sie erkennen, daß es sich um sehr schöne Vogelspinnen handelt, was deren Beliebtheit schnell erklärt.

***Brachypelma albopilosa*, Valerio 1980**
Herkunft: Costa Rica
Bodenbewohnende Art

Diese Art erreicht eine Körperlänge von ca. 6-7 cm. Sie ist bei vielen Terrarianern und vor allem Anfängern wegen ihres attraktiven Aussehens und ihres ruhigen Wesens sehr beliebt. So besitzt das Tier eine braune Grundfärbung, wobei der Vorderkörper leicht golden schimmert. Ihre Beine und der Hinterkörper sind mit gekräuselten Haaren übersät, was ihr den deutschen Namen Kraushaarvogelspinne einbrachte. Das Tier sollte in einem Terrarium mit der Grundfläche von ca. 30x30 cm untergebracht werden. Die Paarung ist in der Regel unproblematisch und ein Kokon enthält mehrere hundert Jungtiere, die jedoch beim Schlupf nur wenige Millimeter groß sind. Auch wachsen die Jungtiere nur relativ langsam heran, so daß sie mindestens 2-3 Jahre benötigen, bis sie adult sind. Aufgrund der großen Anzahl an Jungtieren pro Kokon werden die Tiere oft billig angeboten, was jedoch dazu führte, daß die Art nur noch wenig nachgezogen wurde. Zwischenzeitlich ist die Art etwas seltener geworden.Gehandelt werden darf die Art nur mit einer Cites-Bescheinigung, die die Herkunft des Tieres angibt. Achten Sie also beim Kauf darauf, daß dem Tier eine solche Bescheinigung beiliegt.

Brachypelma albopilosa, Männchen

Brachypelma albopilosa, Weibchen. Diese Vogelspinnenart ist Anfängern sehr zu empfehlen, denn sie ist ruhig, einfach zu halten und doch sehr schön gefärbt.

Bachypelma auratum, Schmidt 1992
Herkunft: Mexico
Bodenbewohnende Art

B. auratum ist eine mittelgroße Art und erreicht eine Körperlänge von 5 cm. Sie ist ähnlich wie *B. smithi* gefärbt und wurde lange Zeit als „Hochlandform" von *B. smihti* bezeichnet. Auch *B. auratum* hat auf den Patellen der Beine eine rote Zeichnung. Diese ist jedoch dunkelrot und nicht orange wie bei *B. smithi*. Die einzelnen Beinglieder unterhalb der Patella sind durch eine helle Stelle abgesetzt. Das Tier ist im allgemeinen etwas dunkler in der Grundfärbung wie *B. smithi*. Der Vorderkörper ist ebenfalls hell umrandet. Der Hinterkörper ist dunkel mit einzelnen rotbraunen Haaren. *B. auratum* sollte in einem Terrarium mit der Grundfläche 30x30 cm gehalten werden. Die Art stellt keine besonderen Ansprüche an die Haltung, die eher etwas trockener ausfallen sollte. Über die Paarung habe ich bisher keine Erkenntnisse. Zwar wurden schon Nachzuchten angeboten, jedoch ist mir nicht bekannt, ob diese von hier verpaarten Elterntieren stammen. Meiner Kenntnis nach, mangelt es mittlerweile an Männchen zur Paarung. *B. auratum* besitzt ein ruhiges Wesen, gehört jedoch auch zu den Bombadierspinnen. Gehandelt werden darf die Art nur mit einer Cites-Bescheinigung, die die Herkunft des Tieres angibt.

Brachypelma auratum, Weibchen. Diese Vogelspinne ist sehr gut haltbar. Obwohl sie auch zu den Bombadierspinnen gehört, ist sie dennoch ein ruhigerer Vertreter.

***Brachypelma boehmei*, Schmidt, G. & P. Klaas 1993**
Herkunft: Mexico
Bodenbewohnende Art

B. boehmei wird etwas größer als *B. albopilosa* und erreicht eine Körperlänge von ca. 6-7 cm. Sie ist auffällig gefärbt. So sind Patella, Tibia und Metatarsus der Beine orange und der Vorderkörper hellbeige. Die Femora der Beine sind schwarz ebenso wie der Hinterkörper, welcher jedoch einige beigefarbenen Haare aufweist. Die Art ist neu und wurde erst dieses Jahr beschrieben. Gehandelt werden darf sie nur mit der Cites-Bescheinigung. Das Terrarium sollte eine Grundfläche von 30x30 cm besitzen. In der Haltung stellt *B. boehmei* keine besonderen Ansprüche. Im Gegenteil. Da die Tiere aus einer Gegend in Mexico stammen, wo eine längere Trockenperiode herrscht, vertragen die Tiere auch im Terrarium ohne weiteres ein trockeneres Klima, was nicht heißen soll, daß die Tiere grundsätzlich ohne Feuchtigkeit zu halten sind. Die Paarung ist auch hier recht einfach und die Tiere begegnen sich nicht aggressiv. Vielmehr scheinen sie bei der Paar-ung nicht auf äußere Bedingungen zu achten, da sie ihre Hochzeit auch außerhalb des Terrariums un-gestört abhalten. Ein Kokon der Art enthält bis zu 600 Jungtiere und mehr. Die Tiere sind zwar friedlich, gehören jedoch, wie alle Brachypelma-Arten zu den Bombadierspinnen. *B. boehmei* ist besonders nervös und fängt bei der leisesten Störung an, die Behaarung des Hinterkörpers abzustreifen.

Brachypelma boehmei, Weibchen. Diese Art erreicht eine Körperlänge von bis zu 7 cm und ist auffällig gefärbt.

Brachypelma emilia

Brachypelma emilia, (White) 1856
Herkunft: Mexico
Bodenbewohnende Art

B. emilia bleibt etwas kleiner als B. *boehmei* und erreicht meist eine Körperlänge von 5-6 cm. Auch *B. emilia* gehört zu den auffällig gezeichneten Arten. So sind bei ihr die Tibien je nach Variante von hellbeige über gelb bis hellorange gefärbt. Der Rest der Beine ist schwarz. Der Vorderkörper ist hellbeige und besitzt ein dunkles Dreieck, welches bei den Augen beginnt und nach hinten spitz zuläuft. Die Grundfärbung des Hinterkörpers ist schwarz mit vereinzelten rotbraunen Haaren. Auch hier sollte die Terrariengröße eine Grundfläche von 30x30 cm aufweisen. *B. emilia* ist gut zu halten, benötigt jedoch etwas mehr Feuchtigkeit als *B. boehmei*. Die Tiere bewohnen in der freien Wildbahn tiefe Höhlen unter großen Steinen. *B. emilia* läßt sich in der Regel ohne Probleme paaren und auch hier finden sich mehrere hundert Jungtiere im Kokon, die jedoch nur wenige Millimeter groß sind. Diese Art darf nur mit der Cites-Bescheinigung gehandelt werden.

links: Brachypelma emilia, Weibchen

Brachypelma emilia, Männchen. Eine gut zu haltende Vogelspinnenart, die sich problemlos verpaaren läßt, aber viele hundert Jungtiere hervorbringt.

Brachypelma smithi, Cambridge 1897
Herkunft: Mexico
Bodenbewohnende Art

B. smithi ist wohl die bekannteste Vogelspinne überhaupt. Durch ihre hübsche Färbung und ihr ruhiges Wesen ist sie unter vielen Haltern sehr geschätzt. Die Grundfärbung der Tiere ist dunkelbraun bis schwarz. Die Patellen der Beine sind orange gefärbt. An den Beinen stehen vereinzelt helle Haare. Der Vorderkörper ist ebenfalls dunkel mit einer hellbeigen Umrandung. Der Hinterkörper ist dunkel mit rötlichen und beigefarbenen Haaren. Die Tiere sollten in Terrarien mit den Grundmaßen von 30x30 cm gehalten werden. *B. smithi* ist in Mexico weit verbreitet, kommt jedoch auch in Regionen vor, wo längere Trockenperioden herrschen. Sie sollte deshalb nicht zu feucht gehalten werden. Die Art wurde schon oft nachgezüchtet, was ihren Bestand in unseren Terrarien für immer sichern dürfte. Auch hier beinhaltet ein Kokon mehrere hundert Jungtiere. *B. smithi* ist die einzige Vogelspinne, die im Washingtoner Artenschutzgesetz auf der dortigen Liste II geführt wird und somit als bedrohte Tierart gilt. Tatsache ist, daß sich nach Mitteilung von Terrarianern, die Mexico bereisten, der Bestand an *B. smithi* wieder stark erholt haben soll und die Tiere wieder sehr häufig angetroffen werden. Gehandelt werden darf die Art nur mit einer Cites-Bescheinigung, die die Herkunft des Tieres angibt. Achten Sie also beim Kauf darauf, daß dem Tier eine solche Bescheinigung beiliegt.

Brachypelma smithi, Weibchen

Brachypelma vagans, Ausserer 1875
Herkunft: Columbien, Costa Rica, Mexico
Bodenbewohnende Art

B. vagans erreicht eine Körperlänge von ca. 5-6 cm. Die Grundfärbung des Tieres ist schwarz. Auf dem Hinterkörper befinden sich einzelne rote Haare. B. vagans sollte in einem Terrarium mit den Grundmaßen 30x30 cm gehalten werden. Die Art ist einfach zu halten, wobei der Bodengrund ständig feucht sein sollte. Die Paarung verläuft in der Regel ruhig, man sollte jedoch die Paarung beaufsichtigen. B. vagans wurde schon häufig nachgezüchtet, wobei einem Kokon mehrere hundert Jungtiere entschlüpfen. Die Art ist wie B. albopilosa aufgrund ihres günstigen Preises und attraktiven Aussehens eine beliebte Anfängerspinne. Allerdings ist sie nicht ganz so ruhig wie B. albopilosa, weshalb mit ihr etwas vorsichtiger umgegangen werden sollte. Gehandelt werden darf die Art nur mit einer Cites-Bescheinigung, die die Herkunft des Tieres angibt. Achten Sie also beim Kauf darauf, daß dem Tier eine solche Bescheinigung beiliegt.

Brachypelma vagans, Weibchen. Auch diese Vogelspinne ist einfach im Terrarium zu halten. Sie gehört zu den typischen Anfängerspinnen.

Ceratogyrus bechuanicus, Purcell 1902
Herkunft: Süd-Afrika
Bodenbewohnende Art

C. bechuanicus erreicht eine Körperlänge von ca. 5 cm. Die Art hat eine graue Grundfärbung und ist dunkel bis schwarz gesprenkelt. Auffällig bei allen Ceratogyrus-Arten ist das Horn, das auf dem Vorderkörper an der Stelle steht, an der sich normalerweise die Thoraxgrube befindet. Die Arten lassen sich teilweise durch die Stellung des Horns unterscheiden. Bei C. bechuanicus ist das Horn nach hinten abgewinkelt. Tiere dieser Art benötigen ein Terrarium mit den Grundmaßen von ca. 25x25 cm. An die Haltung stellt die Art keine besonden Anforderungen, sollte jedoch nicht zu feucht gehalten werden. C. bechuanicus ist leicht zu paaren. Man sollte jedoch die Tiere nach der Paarung wieder trennen und nicht längere Zeit zusammen in einem Terrarium belassen. Die Tiere sind in der Regel aggressiv und lassen sich nicht ohne weiteres anfassen. Trotzdem sind sie nicht uninteressant, da sie gerne ausgedehnte Höhlen spinnen, in denen sie sich aufhalten und auch hineinflüchten. Die Nachzucht der Art ist schon oft geglückt, wobei ein Kokon in der Regel ca. 80 bis 120 Tiere enthält. Kreuzungsversuche der Art mit C. brachycephalus, die ihr Horn nach vorn abgewinkelt trägt, haben ein überraschendes Ergebnis hervorgebracht. Die Jungtiere, die aus dieser Kreuzung

Ceratogyrus bechuanicus, Weibchen

hervorgingen, tragen ihr Horn senkrecht nach oben. Allerdings wurden diese „Hybriden" zwischenzeitlich auch in freier Natur gefunden, jedoch in einem Gebiet, in dem die Biotope der Arten C. bechuanicus und C. brachycephalus aneinander angrenzen.

rechts: Ceratogyrus brachycephalus, Weibchen.

unten: Ceratogyrus hybrid, Weibchen. Bei Kreuzungsversuchen der Art C. darlingii mit C. brachycephalus kam es zu Hybridformen.

Citharacanthus crinirufus, Valerio 1980
Herkunft: Costa Rica
Bodenbewohnende Art

Diese Art erreicht eine Körperlänge von ca. 4-5 cm. Sie ist grau gefärbt und hat zwei helle Streifen auf den Beinen, die ab den Patellen abwärts führen. Auffällig für diese Art ist jedoch, daß die Chelizerengrundglieder metallisch blau gefärbt sind, was ihr auch den deutschen Namen „Blauzahn" eingebracht hat. Die Tiere sollten in einem Terrarium mit mindestens den Grundmaßen von 25x25 cm gehalten werden. Die Art liebt einen hohen Bodengrund, um sich eine Höhle bauen zu können. Außerdem sollte das Bodensubstrat immer feucht gehalten werden. Leider ist C. crinirufus in unseren Terrarien nur selten anzutreffen, was damit begründet wird, daß sie meines Wissens nach noch nie in unseren Terrarien nachgezüchtet wurde. Die Art wurde auch nicht sehr häufig importiert, so daß es zwischenzeitlich auch an Männchen für die Nachzucht mangeln dürfte. Über die Paarung der Tiere liegen mir keine Daten vor. Allerdings ist die Art etwas aggressiv, so daß man sie vorsichtig hantieren sollte.

Citharacanthus crinirufus, Weibchen. Für diese Art ist ein höherer Bodengrund im Terrarium vorzusehen, damit sie sich eine tiefe Höhle bauen kann.

***Citharischius crawshayi*, Pocock 1900**
Herkunft: Ost-Afrika
Bodenbewohnende Art

Diese, etwas außergewöhnliche Art, erreicht eine Körperlänge von bis zu 8 cm, was für eine afrikanische Art eine recht stattliche Größe ist. *C. crawshayi* ist am ganzen Körper rehbraun gefärbt und hat nur eine sehr kurze Behaarung. Die Weibchen haben sehr kräftige Hinterbeine, die etwas gekrümmt sind und die sie hauptsächlich zum Graben verwenden. An das Terrarium stellt diese Art spezielle Anforderungen, da die Tiere sich in freier Wildbahn sehr tiefe Höhlen graben, die bis zu 2 m tief sein können. Diese Bedingungen in einem Terrarium zu bieten ist natürlich unmöglich, es sei denn, man füllt eine alte Regentonne mit Erde und entläßt darin das Tier. Man sollte jedoch trotzdem versuchen, den Tieren einen Bodengrund von mind. 20 cm Höhe zu bieten. Dabei ist es von Vorteil, wenn als Bodengrund lehmhaltige Erde verwendet wird. Es sollte darauf geachtet werden, daß die Erde nie austrocknet, da die Höhlen in der freien Natur bedingt durch die Tiefe, auch ständig feucht sind. Bis vor einigen Jahren war nur das Weibchen in der Systematik bekannt. Allerdings stellte sich in Gefangenschaft nach der ersten Reifehäutung eines Männchens heraus, daß diese ihre kräftigen Hinterbeine im Adultstadium verlieren. Nach einigen Recherchen wurde herausgefunden, daß das

Citharischius crawshayi, Weibchen haben kräftige Hinterbeine, die hauptsächlich zum Graben der tiefen Höhle verwendet werden.

Männchen von C. crawshayi wohl bekannt war, aufgrund seines anderen Aussehens jedoch einer anderen Gattung und Art zugeordnet wurde. Zwischenzeitlich ist auch das Männchen beschrieben worden. Die Art hat zwar keine Reizhaare, wie alle afrikanischen Vogelspinnen, gehört aber jedoch zu denjenigen Arten, die wohl am lautesten stridulieren können. Auch sind die Tiere äußerst aggressiv und wohl nicht unbedingt einem Anfänger zu empfehlen. Die Nachzucht ist schon gelungen wobei die Kokons annähernd tausend Jungtiere hervorbringen können, die allerdings äußerst langsam wachsen und sehr klein sind. Bis ein Jungtier erwachsen wird, können weit über 5 Jahre vergehen.

Citharischius crawshayi, Männchen waren lange Zeit einer anderen Gattung und Art zugeordnet worden. Inzwischen wurde aber herausgefunden, daß die Männchen nach der ersten Reifehäutung ihre kräftigen Hinterbeine verlieren. Dies war die Ursache für die falsche Einordnung.

Cyriocosmus elegans, (Simon) 1889
Herkunft: Venezuela, Tobago
Bodenbewohnende Art

C. elegans gehört zu den Zwergvogelspinnen (Ischnocolinae) und macht ihrem Namen alle Ehre. Sie erreicht nämlich eine Körperlänge von nur ca. 1 cm. Dafür ist sie um so hübscher gefärbt. Der Vorderkörper ist kupferfarben mit einem schwarzen Dreieck ähnlich wie bei B. emilia. Die Beine sind schwarz und auf der Oberseite silberfarben. Der Hinterkörper ist schwarz, hat an den Flanken kupferfarbene Streifen und auf der Oberseite einen kupferfarbenen Fleck in Herzform. Aufgrund der geringen Größe der Tiere muß auch das Terrarium nicht allzu groß sein. Eine Grundfläche von 20x20 cm genügt vollauf, es könnte auch weniger sein. Die Tiere lieben ein feuchtes Klima und graben sich gerne Höhlen. Eine bewußte Paarung durch das Zusammensetzen beider Geschlechter erreicht man selten. Meist muß man die Tiere für längere Zeit zusammenhalten, was früher oder später jedoch zum Verlust des Männchens führt. Die Nachzucht selbst ist jedoch schon einige Male gelungen. Die Aufzucht der Jungen bereitet dann eher Schwierigkeiten, was jedoch meistens an der Futterbeschaffung liegt. Die Jungtiere sind nämlich so klein, daß man ihnen nur frisch geschlüpfte Heimchen oder Drosophila anbieten kann. Hat man das richtige Futter parat, so fressen die Jungen in der Regel gut und wachsen in eineinhalb bis zwei Jahren heran.

Cyriocosmus elegans, Männchen. Diese Zwergvogelspinne wird nur ca. 1 cm groß.

Ephebopus murinus, (Walckenaer) 1837
Herkunft: Brasilien, Franz. Guyana
Bodenbewohnende Art ?

E. murinus erreicht eine Körperlänge von ca. 5-6 cm. Sie besitzt eine dunkelgraue bis schwarze Grundfärbung, einen hellbeigen Vorderkörper und hellbeige Streifen auf den Beinen. Die Tatsache, daß die Art innerhalb der letzten hundert Jahre in verschiedenen Unterfamilien eingeordnet wurde zeigt, daß eigentlich nicht bekannt ist, wie das Tier eingeordnet werden soll. Derzeit gehört die Art in die Unterfamilie der Aviculariinae, also der baumbewohnenden Arten. Wenn die Tiere jedoch im Terrarium gehalten werden, welches eine Grundfläche von ca. 25x25 cm haben sollte, fällt auf, daß die Tiere nicht selten Höhlen graben, in denen sie leben. Selbst wenn ihnen Korkröhren oder Äste angeboten werden, bevorzugen sie in der Regel eine Höhle im Boden. Bei der Haltung sollte beachtet werden, daß das Bodensubstrat immer feucht ist. Das Terrarium kann auch ab und zu besprüht werden. Die Art wurde schon gelegentlich nachgezüchtet. Bei der Paarung kann man, ähnlich wie bei Avicularia, die zu verpaarenden Tiere einige Tage zusammen in einem Terrarium halten. Die Art ist allerdings nich häufig in unseren Terrarien anzutreffen. Dies liegt wahrscheinlich auch daran, daß die Tiere nur spät abends hervorkommen, wenn sie richtig gehalten werden. E. murinus ist eine sehr flinke Art und auch etwas aggressiv.

Ephebopus murinus, Weibchen. Diese Art ist aggressiv und bewegt sich sehr schnell.

***Grammostola pulchra*, Mello-Leitao 1921**
Herkunft: Süd-Brasilien
Bodenbewohnende Art

Diese Art erreicht eine Körpergröße von ca. 6 cm. Sie ist ganz schwarz gefärbt, wobei die Haare einen leichten Glanz besitzen. Die Art sollte in einem Terrarium mit einer Grundfläche von ca. 25x25 cm gehalten werden. Bei der Haltung ist darauf zu achten, daß der Bodengrund ständig feucht gehalten wird. Die Art hat, wie fast alle Grammostola-Arten, ein sehr ruhiges Wesen und ist deshalb auch dem Anfänger zu empfehlen. *G. pulchra* läßt sich ohne Probleme verpaaren und als Resultat findet man meist mehrere hundert Jungtiere im Kokon.

Grammostola pulchra, Weibchen. Da Hälterung und Verpaarung einfach sind, ist diese Spinne für Anfänger gut geeignet. Es ist aber darauf zu achten, daß der Bodengrund im Terrarium feucht gehalten wird.

***Grammostola spatulata*, (F. Cambridge) 1897**
Herkunft: Chile
Bodenbewohnende Art

Grammostola spatulata erreicht eine Körpergröße von etwa 5-6 cm und ist wohl die am meisten importierte Vogelspinnenart in Deutschland. Sie ist rotbraun gefärbt und besitzt einen leichten rosafarbenen metallischen Schimmer auf dem Vorderkörper, der bei den adulten Männchen stärker ausgeprägt ist. Ein Terrarium für diese Art sollte die Grundfläche von 25x25 cm aufweisen. Die Art stellt an die Haltung keine besonderen Ansprüche, sollte jedoch nicht zu feucht gehalten werden. Eine Paarung der Art geht in der Regel friedlich von statten. Die Art ist einfach nachzuzüchten. Ein Kokon enthält meist mehrere hundert Jungtiere. Sie besitzt ein ruhiges Wesen und kann in der Regel auch in die Hand genommen werden. Sie gilt als regelrechte Anfängerspinne und wird auch im Zoofachhandel angeboten. Allerdings wurde Mitte 1993 vom Land Chile ein Ausfuhrverbot für Tiere verhängt, was folglich dazu führt, daß diese Art nur noch selten in den Handel gelangen wird.

Grammostola spatulata, Männchen. Diese Vogelspinnenart ist sehr friedlich und stellt keine besonderen Hälterungsansprüche.

Grammostola spatulata, Weibchen. Die Weibchen spinnen einen Kokon, der mehrere hundert Jungtiere enthält. Die Zucht ist relativ einfach.

Hysterocrates hercules, Pocock 1899
Herkunft: Kamerun
Bodenbewohnende Art

Diese Art gehört zu den Größten des afrikanischen Kontinents. Sie erreicht eine Körpergröße von 7-8 cm und ist einheitlich dunkelbraun gefärbt. Auch diese Art gräbt, ähnlich wie *Citharischius crawshayi*, tiefe Höhlen und benötigt deshalb auch ein Terrarium, in welches man mindestens 15 cm Bodengrund einfüllen kann. Die Maße des Terrariums sollten mindestens 30 x 30 cm betragen. Dem Bodengrund kann etwas Sand beigemischt werden und er sollte stets feucht gehalten werden. Die Art wurde schon vereinzelt nachgezogen. *H. hercules* ist aggressiv und sollte nicht mit der Hand angefaßt werden.

Hysterocrates hercules, Weibchen. Wie der Name schon ausdrückt handelt es sich um eine etwas größere Vogelspinne, weshalb das Terrarium eine ausreichende Bodenfläche aufweisen muß. Da diese Spinne sehr aggressiv ist, sollte sie nicht mit der Hand, sondern besser mit einer Pinzette angefaßt werden.

***Lasiodora parahybana*, Mello-Leitao 1917**
Herkunft: Brasilien
Bodenbewohnende Art

Lasiodora parahybana gehört zu den großen Arten Süd-Amerikas und erreicht eine Körperlänge von ca. 9-10 cm und größer. Sie ist braun gefärbt und hat, ähnlich wie *Brachypelma albopilosa*, lange, gekräuselte Haare. Aufgrund ihrer Größe sollte ein Terrarium für diese Art die Maße von 40x40 cm nicht unterschreiten. Die Art stellt an die Haltung keine besonderen Ansprüche. Auch ist sie gut zu verpaaren was allerdings später einige Probleme aufwirft. *Lasiodora parahybana* ist nämlich sehr produktiv und ein Kokon kann bis zu 1.200 (!!) Jungtiere enthalten. Dies ist ein Grund, warum diese Art selten nachgezogen wird. Mit einem Kokon ist der Bestand in unseren Terrarien für Jahre gesichert. Die Jungtiere können bei gutem Futterangebot nach ca. 3 Jahren adult werden. Die Art ist aggressiv und sollte nicht mit der Hand angefaßt werden. Männchen der Art können eine enorme Beinspannweite erreichen.

Lasiodora parahybana, Weibchen. Diese Vogelspinnenart gehört zu den größeren Vogelspinnen, und sie muß deshalb auch in einem entsprechend größerem Terrarium gepflegt werden.

Megaphobema mesomelas, Weibchen. Erst nach ausführlichen Biotop-Studien ist es gelungen diese Spinne erfolgreicher zu halten.

Megaphobema mesomelas, (Cambridge) 1892
Herkunft: Costa Rica
Bodenbewohnende Art

Diese schöne Art erreicht eine Körperlänge von ca. 5 cm. Das Tier besitzt eine samtschwarze Grundfärbung und orangerote Patellen. Die Behaarung ist kurz. Ein Terrarium für diese Art sollte eine Grundfläche von 30x30 cm aufweisen und eine gute Belüftung besitzen. Die Tiere stellten anfangs den Terrarianer vor große Haltungsschwierigkeiten und viele Tiere gingen ein. Außerdem konnten bis vor kurzem so gut wie keine Nachzuchten nachgewiesen werden. Eine Biotopstudie in Costa Rica ergab, daß die Tiere im Hochland vorkommen, wo häufige Niederschläge und ein stetiger Wind für ein besonderes Klima sorgen. Auch steigen die Temperaturen dort selten weit über 20° C. Um das Klima im Terrarium nachzuahmen genügt es in der Regel, den Tieren eine Höhle in immer feuchtem Bodensubstrat anzubieten und das Terrarium an einem nicht zu warmen Ort aufzustellen. Ich selbst halte diese Art nach dieser Methode schon etliche Jahre mit Erfolg. Außerdem wurde die Art in letzter Zeit erneut importiert und dann auch nachgezüchtet. Die Tiere sind leicht aggressiv. Eine Paarung im Terrarium ist recht schwierig und scheitert oft am ängstlichen Verhalten der Männchen. Diese Art scheint auch den Systematikern einige Rätsel aufzugeben. Nach PLATNICK (1993) steht die Art in der Gattung Euathlus, nach SMITH (1992, mündl. Mitteilung) in der Gattung Brachypelma und nach SCHMIDT (1993), dem ich folgte, in der Gattung Megaphobema.

***Pamphobeteus antinous*, Pocock 1903**
Herkunft: Bolivien
Bodendbewohnende Art

Pamphobeteus antinous gehört ebenfalls zu den größten Vogelspinnenarten der Welt. Sie kann eine Körperlänge von über 10 cm erreichen. Die Tiere sind einheitlich schwarz gefärbt. Die adulten Männchen besitzen einen metallisch blauen Schimmer auf dem Vorderkörper und der Oberseite der Femuren. Tiere dieser Art sollten in einem Terrarium mit einer Grundfläche von mindestens 40x40 cm gehalten werden. An die Haltung stellen die Tiere keine besonderen Ansprüche. Allerdings nimmt das Weibchen, welches ich halte, keine Insekten sondern nur Mäuse als Futter an. Die Paarung der Tiere läuft in der Regel ohne Probleme ab, jedoch kommt es leider nur äußerst selten zur Nachzucht. Dies ist mit ein Grund, warum die Art so stark gefragt ist. Die Tiere sind in der Regel aggressiv.

Pamphobeteus antinous, Weibchen. Diese Art gehört zu den größten Vogelspinnen der Erde, denn sie erreicht eine Größe von mehr als 10 cm.

***Pamphobeteus platyomma*, Mello-Leitao 1923**
Herkunft: Brasilien
Bodenbewohnende Art

Eine weitere Art, die eine recht ordentliche Größe von bis zu 9 cm Körperlänge erreichen kann. Die Tiere sind braun bis rotbraun gefärbt und haben helle Streifen auf den Patellen der Beine. Der Hinterkörper ist dunkelbraun gefärbt. Adulte Männchen sind auf dem Vorderkörper und den Femuren der Beine weinrot metallisch gefärbt. Ein Terrarium für diese Art sollte eine Größe von 40x40 cm besitzen. Die Tiere stellen an die Haltung keine besonderen Ansprüche. Auch lassen sich die Tiere gut paaren und die Nachzucht ist in der Regel einfach. Die Jungtiere haben den für viele Pamphobeteus-Arten typisch orange gefärbten Hinterkörper mit schwarzem Tannenbaum-Muster. Diese Färbung verliert sich allerdings spätestens nach dem juvenilen Stadium. Ein Kokon dieser Art enthält in der Regel weniger als 100 Jungtiere, die dafür schon eine Beinspannweite von ca. 2 cm erreichen.

Pamphobeteus platyomma, Weibchen. Auch diese Vogelspinne gehört zu den größeren Vertretern und muß deshalb in einem Terrarium von mindestens 40 x 40 cm Grundfläche gepflegt werden.

Pamphobeteus spec., Jungtier

Phormictopus cancerides, (Latreille) 1806
Herkunft: Brasilien, Cuba
Bodenbewohndende Art

Diese Art erreicht eine Körpergröße von ca. 7-8 cm. Vor einigen Jahren wurden die Tiere so häufig und preisgünstig wie nun *Grammostola spatulata* angeboten und waren daher sehr verbreitet. Die Art ist braun gefärbt und besitzt auf dem Vorderkörper einen kupfermatellischen Schimmer. *Phormictopus cancerides* sollte in einem Terrarium mit der Grundfläche von mind. 30x30 cm gehalten werden. Paarungen verlaufen in der Regel ohne Probleme und auch die Nachzucht ist nicht allzu schwierig. Ein Kokon kann bis zu 150 Jungtiere enthalten. Leider ist die Art etwas aggressiv. (Abbildung s. S. 84)

Phormictopus cancerides, Weibchen. Wegen des günstigen Preises waren sie vor einigen Jahren bei den meisten Vogelspinnenliebhabern zu finden.

Poecilotheria ornata, Pocock 1899
Herkunft: Sri Lanka
Baumbewohnende Art

Poecilotheria ornata erreicht eine Körperlänge von ca. 7-8 cm. Die Art wurde vor 3 Jahren zum ersten Mal angeboten und erzielte aufgrund ihres hübschen Aussehens horrende Preise. Ein Tier dieser Art ist auf der Oberseite in den Farben von hellgrau bis schwarz ornamentartig gezeichnet. Die Chelizerengrundglieder sind fuchsrot und die Unterseite der Taster und Vorderbeine ist leuchtend gelb. Ein Terrarium für diese Art sollte die Grundfläche von 30x30 cm und eine Höhe von 40 cm aufweisen. Da die Art in Baumhöhlen lebt kann man ihnen ein kleines Vogelhäuschen anbieten, welches sie in der Regel annehmen. Manche Terrarianer halten in einem großen Terrarium mehrere Weibchen, die jeweils ihr eigenes Vogelhäuschen bewohnen. Da die Art in den Bergregionen Sri Lanka´s vorkommt, sollte man die Art nicht zu warm und mäßig feucht halten. Zur Paarung gibt man am Besten das Männchen für einige Tage in das Terrarium des Weibchen, was auch gut geht, falls das Weibchen gut im Futter steht. Ab und zu kann es vorkommen, daß das Weibchen den Kokon nach einigen Wochen auffrißt. Glückt die Nachzucht, so entschlüpfen ca. 80-150 Jungtiere. Die Art ist als aggressiv einzustufen.

Poecilotheria ornata, Weibchen.

Poecilotheria ornata, subadultes Männchen. Diese Vogelspinnenart ist sehr schön gezeichnet, was sich auf ihren Preis auswirkte. Sie leben in Baumhöhlen.

***Poecilotheria regalis*, Pocock 1899**
Herkunft: Indien
Baumbewohnende Art

Die Art erreicht eine Körperlänge von ca. 6-7 cm. Sie hat ebenfalls eine ornamentartige Zeichnung die überwiegend hellgrau gefärbt ist. Die Unterseiten der Vorderbeine sind zitronengelb gefärbt. Die Art kann zu denselben Bedingungen wie *Poecilotheria ornata* gehalten werden. Lediglich die Temperatur und Luftfeuchtigkeit sollte bei dieser Art höher gewählt werden. *Poecilotheria regalis* läßt sich gut nachzüchten. Oftmals sitzen Weibchen und Männchen wochenlang friedlich nebeneinander in der Wohnhöhle. Ein Kokon enthält bis zu 150 Jungtiere. Eine weitere Art, die *Poecilotheria regalis* sehr ähnlich sieht, ist *Poecilotheria fasciata*, ebenfalls aus Indien stammend. Diese zwei Arten kann man, trotz ihrer scheinbaren äußeren Ähnlichkeit gut auseinanderhalten. *Poecilotheria regalis* besitzt nämlich auf der Unterseite des sonst dunkel gefärbten Hinterkörpers einen hellbeigen Balken oberhalb der Epigastralfurche, wobei der Hinterkörper von *Poecilotheria fasciata* auf der Unterseite ausschließlich dunkel gefärbt ist.

Poecilotheria fasciata, Weibchen, Unterseite

oben: Poecilotheria regalis, Weibchen. Auch diese Vogelspinne bewohnt Baumhöhlen, was bei der Gestaltung des Terrariums unbedingt zu berücksichtigen ist. Die Nachzucht ist meist problemlos.

links: Poecilotheria regalis, Männchen.

***Psalmopoeus cambridgei*, Pocock 1895**
Herkunft: Insel Trinidad
Baumbewohnende Art

Psalmopoeus cambridgei ist eine Art, die eine Körperlänge von ca. 6-7 cm erreicht. Sie ist grau gefärbt und hat auf den Tarsen einen orangen Streifen. Ein Terrarium für diese Art sollte eine Grundfläche von 30x30 cm und eine Höhe von 40 cm aufweisen. An die Haltung stellen Tiere dieser Art keine besonderen Anforderungen, sie sollten jedoch nicht zu trocken gehalten werden. Zur Paarung gibt man am Besten nach gutem Anfüttern des Weibchens das Männchen in das Terrarium. Die Art ist leicht zu züchten und deshalb auch weit verbreitet. Ein Kokon enthält in der Regel ca. 100 Jungtiere. Wenn man das Terrarium dieser Art mit viel Wurzeln und Ästen einrichtet und die Einrichtungsgegenstände einige Zeit an Ort und Stelle beläßt, wird sich die Spinne mit der Zeit eine regelrechte Burg als Wohngespinst bauen. Diese kann dann einen Durchmesser von 20 cm und mehr betragen. Die Tiere sind sehr schnell und auch etwas aggressiv.

Psalmopoeus cambridgei, Weibchen. Eine weit verbreitete Vogelspinnenart, da leicht nachzüchtbar und haltbar. Sie baut sich zwischen den Einrichtungsgegenständen ein großes Wohngespinst.

***Pseudotheraphosa apophysis*, Tinter 1991**
Herkunft: Venezuela
Bodenbewohnende Art

Diese Art erreicht eine Körperlänge von ca. 10 cm und gehört damit zu den größten Vogelspinnenarten. Die Tiere sind einheitlich kaffeebraun gefärbt. Nur auf dem Hinterkörper befindet sich am hinteren Teil ein großer, dunkler, runder Fleck. Ein Terrarium für *Pseudotheraphosa apophysis* sollte eine Grundfläche von 40x40 cm aufweisen. An die Haltung stellen die Tiere keine besonderen Ansprüche. Die Tiere lassen sich ohne größere Schwierigkeiten paaren, allerdings ist mir nur eine geglückte Nachzucht bekannt, welche ca. 80 Jungtiere hervorbrachte. Die Art wurde anfänglich unter dem Namen „*Pamphobeteus exsul*" angeboten. Später wurde der Irrtum entdeckt und die Tiere als *Theraphosa leblondi* verkauft, was allerdings auch nicht richtig war. 1991 wurde die Art dann von mir beschrieben. *Pseudotheraphosa apophysis* ist aggressiv und auch eine intensive Bombadierspinne, die bei der leisesten Störung ihre Brennhaare abstreift.

Pseudotheraphosa apophysis, Weibchen. Mit ihrer Größe von 10 cm gehört sie auch zu den größeren Vogelspinnen. Eine Nachzucht ist sehr schwierig.

***Pterinochilus junodi*, Simon 1904**
Herkunft: Süd-Afrika
Bodenbewohnende Art

Diese, eher mittelgroße Art, erreicht eine Körperlänge von ca. 5 cm. Die Tiere sind hübsch gefärbt, wobei außer vielen Braun- und Grautönen vor allem die Vorderbeine mit ihrer fast fuchsroten Behaarung hervortreten. Die Art sollte in einem Terrarium mit den Maßen 30x30 cm untergebracht werden. An die Haltung stellt sie keine besonderen Ansprüche, jedoch sollte sie nicht zu feucht ausfallen. Eine Paarung verläuft in der Regel ohne Probleme wobei aus einem Kokon ca. 150 Jungtiere hervorkommen können. Die Jungtiere wachsen bei guter Fütterung schnell heran. Die Art ist etwas aggressiv, baut sich jedoch sehr schöne und ausgedehnte Wohngespinste, was die Tiere besonders attraktiv macht.

Pterinochilus junodi, Weibchen. Eine besonders hübsche Vogelspinnenart, die keine besonderen Ansprüche an die Hälterung stellt. Ihre Wohngespinste sind besonders auffällig und schön.

Stromatopelma calceata (Fabricius) 1793
Herkunft: West-Afrika
Baumbewohnende Art

Stromatopelma calceata erreicht eine Körperlänge von ca. 6 cm. Sie ist ornamentartig gezeichnet, wobei die Farben beige, braun und schwarz enthalten sind. Durch die Zeichnung bedingt wird sie auch gerne „Leopardvogelspinne" genannt. Ein Terrarium für diese Art sollte eine Grundfläche von 30x30 cm und eine Höhe von 40 cm aufweisen. An die Haltung stellt diese Art keine besonderen Anforderungen. Zur Paarung der Art gibt man am Besten das Männchen für mehrere Tage in das Terrarium des gut angefütterten Weibchens. In der Regel verhält sich das Weibchen gegenüber dem Männchen nicht aggressiv. Ein Kokon der Art kann bis zu 150 Jungtiere enthalten. Die Art ist sehr aggressiv und schnell und daher mit Vorsicht zu genießen. Auch wurde schon von Bißunfällen berichtet, wobei das Gift für Vogelspinnengiftverhältnisse recht stark sein soll. Übrigens lassen sich S. calceata und S. griseipes, die sich sehr ähnlich sehen, durch genaues Hinsehen leicht unterscheiden. Der Femur des Tasters ist bei S. griseipes hell gefärbt, wobei er bei S. calceata dunkel gefärbt ist.

Stromatoplema calceata, Weibchen. Ihre auffällige Zeichnung gab ihr den Beinamen „Leopardvogelspinne".

Theraphosa leblondi Thorell 1870

Herkunft: Brasilien, Venezuela, Franz. Guyana
Bodenbewohnende Art

Der König der Vogelspinnen, *Theraphosa leblondi*, erreicht eine Körperlänge von 12 cm und ein Gewicht von bis zu 160 Gramm. Manche Exemplare erreichen eine Beinspannweite von 24 cm und mehr. Diese Art gilt als die größte Vogelspinnenart der Welt. Sie ist einheitlich kaffeebraun gefärbt. Ein Terrarium für diese Art sollte eine Grundfläche von mind. 40x40 cm aufweisen. Bei der Haltung ist zu beachten, daß die Tiere die Feuchtigkeit lieben und daher nicht zu trocken gehalten werden sollten. Eine Paarung der Art verläuft, im Gegensatz zum sonstigen Verhalten, äußerst friedlich ab. Ein Kokon kann bis zu 100 Jungtiere enthalten, wobei die Spiderlinge nach dem Schlupf schon ca. 20 mm groß sind. *Theraphosa leblondi* ist eine aggressive Vogelspinnenart, die man besser nicht mit den Händen anfassen sollte. Sie gehört zu den Bombadierspinnen, wobei die Reizhaare dieser Art besonders aggressiv zu sein scheinen. Sie striduliert laut und heftig, wenn man sie reizt.

Theraphosa leblondi, Weibchen. Mit ihrer Größe von gut 12 cm gilt sie als die Königin der Vogelspinnen. Sie ist aggressiv und muß entsprechend vorsichtig gehandhabt werden.

Xenesthis immanis (Ausserer) 1891
Herkunft: Columbien, Venezuela, Panama
Bodenbewohnende Art

Die Art ist ebenfalls recht groß und erreicht eine Körperlänge von 8-9 cm. Die Grundfärbung der Tiere ist schwarz, wobei der Vorderkörper einen weinrot metallischen Schimmer aufweist und die Behaarung des Hinterkörpers hellbraun ist. Die Art sollte in einem Terrarium mit einer Grundfläche von 35x35 cm gehalten werden. An die Haltung stellt die Art keine besonderen Ansprüche. Leider gestaltet sich die Paarung der Tiere recht schwierig. Meines Wissens nach ist noch keine Nachzucht bekannt, die aus einer Paarung im Terrarium resultierte. Die Art wurde in letzter Zeit jedoch sehr häufig importiert. *Xenesthis immanis* zählt zu den aggressiven Vogelspinnenarten.

Xenesthis immanis, Weibchen. Auch sie erreicht eine beachtliche Größe. Sie ist ebenfalls sehr aggressiv und mit entsprechender Vorsicht zu handhaben.

Anhang

Vereine und Institutionen

Wie in fast allen Wissensgebieten haben sich auch Interessierte von Arachniden zu Vereinen oder Institutionen zusammengeschlossen. Leider gibt es derzeit keinen deutschen Vogelspinnenverein. Allerdings haben sich einige Vereine auf der Welt gebildet, die erwähnenswert sind.

Vogelspinnen

The British Tarantula Society zählt mittlerweile über 600 Mitglieder und bringt vierteljährlich eine Zeitschrift, das BTS-Journal, in englischer Sprache heraus. Der Jahresbeitrag incl. Zeitschrift beträgt £ 10.

Kontaktadresse:
The British Tarantula Society
Frank & Ann Webb
81 Phillimore Place
Radlett, Herts. WD7 8NJ
Great Britain

Groupe d'étude des Arachnides nennt sich die Vereinigung, die sich in Frankreich gebildet hat. Sie bringt ebenfalls vierteljährlich eine Zeitschrift, genannt „Arachnides", in französischer Sprache heraus. Der Jahresbeitrag beträgt 110 F.

Kontaktadresse:
GEA c/o DUPRE
BP 21
F-94191 VILLENEuve ST GEORGES Cedex
France

Für Interessierte an afrikanischen Vogelspinnenarten bietet sich eine Mitgliedschaft im South African Spider Club an. Daten über Mitgliedsbeiträge liegen mir nicht vor.

Kontaktadresse:
Dr. Martin Filmer
PO Box 81112
Parkhurst 2120
South Africa

Für den nordamerikanischen Raum gibt es die American Tarantula Society, die ebenfalls eine Zeitschrift in regelmäßigen Abständen herausgibt. Der Mitgliedsbeitrag beträgt $ 15.00.

Kontaktadresse:
Dr. Robert Gale Breene III
PO Box 3594, South Padre Island,
Texas 78597
USA

Spinnen, allgemein

Inland:
SARA
Süddeutsche Arachnologische Arbeitsgemeinschaft
Franz Renner
Sonnentaustr. 3
88410 Bad Wurzach

NOWARA
Nordwestdeutsche Arachnologische Arbeitsgemeinschaft
Dr. Heinz Christian Fründ
Ernst-Sievers-Str. 107
49078 Osnabrück

NORA
Nordostdeutsche Arachnologische Arbeitsgemeinschaft
Ralph Platen
Perwenitzer Weg 3
13585 Berlin

Alle drei Gruppen zusammen geben die Arachnologischen Mitteilungen heraus. Der Preis beträgt 20,-DM für ein Jahresabonnement. Kontakatdresse: Franz Renner s.o.

Ausland:
British Arachnological Society
Secretary M.J. Roberts
200 Abbey Lane,
Sheffield, S80 BU
Great Britain

Im Mitgliedspreis von £ 18 sind vier Ausgaben des Bulletin of the BAS und in regelmäßigen Abständen erscheinende Newsletter enthalten.

American Arachnological Society
American Museum of Natural History
Central Park West
76th Street, New York, 10024
USA

Im Mitgliedspreis von $ 30 sind vier Ausgaben des The Journal of Arachnology und in regelmäßigen Abständen erscheinende Newsletter enthalten.

Der Dachverband der Arachnologie wird von der CIDA, Centre International de Documentation Arachnologique, gebildet. Der Jahresbeitrag für eine Mitgliedschaft beträgt 36,-DM und beinhaltet den Bezug von Mitgliederlisten und Publikationslisten. Desweiteren veranstaltet die CIDA alle zwei Jahre einen europäischen Kongress und alle 4 Jahre einen Weltkongress. die Kontaktadresse lautet:

Dr. Manfred Graßhoff
Senckenberg-Museum
Senckenberg-Anlage 25
60325 Frankfurt/Main

Literaturverzeichnis

Vogelspinnenliteratur und deren Beschaffung

Wer sich mit der Vogelspinnenthematik intensiver beschäftigen möchte, stößt in Bezug auf Literatur in seiner Buchhandlung schnell an seine Grenze. Gerade einmal eine Hand voll Bücher bietet der Markt an. Da die Thematik so umfangreich ist, kann man in einem Buch natürlich nur die wichtigsten Gebiete anschneiden und in Bezug auf die Systematik erst recht nicht ins Detail gehen.
Will sich der Interessierte nun Originalliteratur, sprich Erstbeschreibungen besorgen, so sollte er sich zuerst einen oder mehrere Kataloge besorgen, in denen die für den Zeitraum angegebenen Literaturhinweise für Originalliteratur für eine bestimmte Unterfamilie, Gattung und Art verzeichnet sind. Der wichtigste Katalog hierfür stammt von ROEWER (1943) und beinhaltet alle Literaturhinweise für Veröffentlichungen bis zum Jahre 1941. Weitere Kataloge stammen von BRIGNOLI (1983), BONNET (1962) und PLATNICK (1989 und 1993). Falls man sich die Kataloge nicht anschaffen möchte, so kann man sich diese in jeder öffentlichen Leihbücherei ausleihen oder zum Ausleihen bestellen lassen. Aus den Katalogen ist zu erfahren, wann und in welchem Publikationsorgan die gefragte Erstbeschreibung veröffentlicht wurde. Mit diesem Literaturhinweis ist ein sogenannter Fernleiheschein auszufüllen. Anhand dieses Scheines wird nach der gefragten Publikation in anderen Bibliotheken gesucht. So kann man sich also auch Publikationen besorgen, die in der eigenen Landesbibliothek nicht vorhanden sind. Bücher und Zeitschriften, die vor 1870 veröffentlicht wurden, darf man in der Regel nicht ausleihen, sondern nur im Lesesaal benutzen. Auch ist das Kopieren dieser Schriften in der Regel verboten, so daß man sich die wichtigen Informationen abschreiben muß. Alle später veröffentlichten Publikationen dürfen in der Regel ausgeliehen und auch kopiert werden. Falls man nur einen Teil einer Veröffentlichung benötigt und dies genau auf dem Fernleiheschein angibt, kann es sein, daß man dirket Kopien dieses Parts zugesendet bekommt.

Literturverzeichnis

Brignoli, P.: A Catalogue of the Araneae. Manchester University Pres 1983, 755 pp.
Foelix, R.: Biologie der Spinnen. 2. Aufl., Thieme Verlag, Stuttgart, 1992, 331 pp.
Klaas, P.: Vogelspinnen im Terrarium. Ulmer Verlag, Stuttgart 1989, pp. 148.
Platnick, N.: Advances in spider taxonomy 1981-1987. Manchester University Press, Manchester 1989, 720 pp.
Platnick, N.: Advances in spider taxonomy1988-1991. American Museum of Natural History, New York 1993, 846 pp.
Raven, R.: The Spider Infraorder Mygalomorphae (Araneae): Cladistics and Systematiks, Bull. Amer. Mus. Nat Hist 183, 1 (1985), 1-180.
Roewer, C. Fr.: Katalog der Araneae I. Bremen, 1942, 1040 pp.
Schmidt, G.: Vogelspinnen. Landbuch Verlag, Hannover, 1993, 151 pp.
Smith, A.: The Tarantula Classification and Identification Guide. Fitzgerald Publishing, London 1986, 180 pp.
Smith, A.: Baboon Spiders, Tarantulas of Africa and the Middle East. Fitzgerald, London 1990, 142 pp.
Tinter, A.: Eine neue Vogelspinne aus Venezuela. Pseudotheraphosa apophysis n. gen. sp. (Araneae: Theraphosidae: Theraphosinae). Arachnol. Anz. 16 (1991), 6-10.
Tinter, A.: Zur Verbreitung, Haltung und Zucht von baumbewohnenden Vogelspinnen der Gattung Avicularia Lamarck, 1881. Herpetofauna 86 (1993), 6-10.